¿CÓMO CRIAR A NUESTROS HIJOS EN EL EVANGELIO?

¿Cómo criar a nuestros hijos en el evangelio?

Impreso en los Estados Unidos de América

ISBN: 978-1-7923-6287-3

Primera Edición

Diseño de portada, interior del libro y edición: Blessed Books Creations

Facebook.com/ Blessed Books Creations
Email: blessedbookscreations@gmail.com

www.profetaritaarias.com
Email: ritaariasministries@gmail.com

Clasificación: Sanidad Interior, Crecimiento Espiritual

Introducción

Ningún bosque se forma arrojando basura, todo buen jardín es formado con amor, paciencia, agua, y buen abono. Para tener grandes resultados en nuestra siembra debemos tener claro el empeño que esta requiere.

Los procesos de agricultura son muy complejos, recuerdo escuchar a mi abuela hablarle a las plantas con amor. No solo le pedía que vivieran o que dieran buenos frutos, también le decía que no se cayeran sus ramas. Cuando veía a mi abuela hablarle a su planta de café pensaba que estaba perdiendo la mente, sin embargo, con el tiempo vi que sus plantas eran hermosas. Todas las mañanas la regaba con agua y las tocaba delicadamente. Por ende, su jardín era muy hermoso. Al estudiar la Biblia, me pareció curioso encontrar algunos versículos donde Dios nos compara con las plantas.

"Será como árbol plantado junto al agua, que extiende sus raíces junto a la corriente; no temerá cuando venga el calor, y sus hojas estarán verdes; en año de sequía no se angustiará ni cesará de dar fruto", Jeremías 17:8.

"Será como árbol plantado junto a corrientes de aguas, que da su fruto en su tiempo, y su hoja no cae; y todo lo que hace, prosperará", Salmo 1:3.

En estos versículos, nuestro Dios nos compara con el crecimiento y desarrollo de un árbol, lo que lo rodea, y como este termina prosperando y llevando muchos frutos. Así mismo es la formación de la familia. Nuestro hogar es un gran huerto que debemos llenar de buenos frutos. Para Dios es tan importante el que sembremos saludablemente, que Él mismo colocó al hombre en un lugar que daba frutos, semillas y vida. El huerto de Edén.

"Entonces Jehová Dios formó al hombre del polvo de la tierra, y sopló en su nariz aliento de vida, y fue el hombre un ser viviente. Y Jehová Dios plantó un huerto en Edén, al oriente; y puso allí al hombre que había formado. Y Jehová Dios hizo nacer de la tierra todo árbol delicioso a la vista, y bueno para comer; también el árbol de vida en medio del huerto, y el árbol de la ciencia del bien y del mal", Génesis 2:7- 9.

El primer ministerio que Dios estableció fue la familia. Él le otorgó importancia a esta institución, pues sería la representación de la creación de Dios. Formar a nuestros hijos es como estar en un gran huerto con buenas semillas, si los cuidamos día a día, le hablamos con amor, le colocamos un buen abono y los plantamos junto a las corrientes de agua de Dios, tendremos frutos de bendición y un legado seguro que sanará todo lo estropeado. Tendremos generaciones a los pies de Jesús y llenos del poder del Espíritu Santo, pero, sobre todo, de amor, porque al final lo único que jamás dejará de ser.

"El amor nunca deja de ser; pero las profecías se acabarán, y cesarán las lenguas, y la ciencia acabará", 1 Corintios 13:8.

Dedicatoria

A todos mis hijos espirituales, con ustedes aprendí todas las áreas que un padre puede marcar y que nos tocará a otros padres remendar. Por ustedes, aprendí a clamar por otros como si fueran de mi vientre.

A ustedes, que los he visto llorar, caerse, levantarse, partir, regresar y despedirlos porque ya crecieron o tenerlos cerca porque aún les falta crecer. He visto cada etapa de su dolor sin ser yo la causante, pero sufrir como si lo hubiese provocado.

A ustedes, por los que invierto noches en oración para que el enemigo no los dañe, aun sin ustedes saberlo.

A ustedes, que aún siendo adultos y ministros tuvieron alguna etapa en su niñez que no fue bien formada y que nos tocará a los padres espirituales sanarla, sabiendo que todo es para que al final puedan dar el buen fruto de Jesús. ¡Amén!

¡Por ustedes es este libro, los amo!
Mamá águila

#VUELAS O VUELAS

Agradecimientos

Agradezco a la Perfecta Trinidad. Al Espíritu Santo, por darme sabiduría, madurez y dominio propio. Agradezco Su amistad eterna, su compañía y consuelo. Nadie más me ha consolado como Tú, amado Espíritu de Dios. Todo es por ti, mi vida es por ti y mi alegría es por ti.

Al mejor Padre del mundo, Jehová, quien me ha sustentado y jamás me ha abandonado, quien pelea por mí y ruge como león, si el mal se me acerca. Te amo eres mi papá.

A mi hermano y Señor Jesús, tu muerte me dio vida. Tu vida me ha hecho resucitar y hoy gozo de autoridad porque me sentaste contigo en lugares celestiales. Gracias Jesús, eres a quien más admiro y el único a quien deseo imitar en esta vida. Gracias por salvarme.

Les agradezco eternamente,

Su hija Rita

Contenido

Capítulo 1

Son de Dios, no nuestros

¿Deseas saber cuál es la medida de amor que solo un padre puede dar? Solo imagina la historia a continuación. Una mañana, como de costumbre, esta madre llevaba a su hija a la escuela, en el camino la niña le comentó: "Mamá deseo ser una gran doctora, tener muchos hijos y ayudar a todos los necesitados". La madre sonriente le dijo: "Que hermosos tus sueños hija, los lograrás". La niña le preguntó: "¿Así lo crees mamá?" Ella contestó: "Sí, te lo aseguro". La niña sonrió y miró por la ventana del auto segura de lo que su madre había hablado de ella. Dos semanas después, la niña fue diagnosticada con una condición grave y de muerte, necesitaba ser transfundida y recibir una donación de médula ósea para, lograr sobrevivir las próximas 24 horas. No había nadie más y la única que tenía las características de donante era su mamá. La madre, ya en edad avanzada, no estaba apta para este tipo de procedimientos. No obstante, ella era su única hija y tenía grandes sueños.

Horas después, la madre tomó la decisión y firmó los documentos, donde se hacía responsable de todo lo que pudiera ocurrirle y que además, en caso de que algo no resultara bien, el Padre se encargaría de la niña. Su esposo aceptó el acuerdo, la decisión y el deseo de su esposa, pues se trataba de su niña soñadora. Para sorpresa de muchos, la niña toleró todo y sobrevivió. Pero la madre falleció horas más tarde.

La madre, antes de entrar a quirófano, dejó esta carta: "Nunca fue mi vida, ya era tuya. No se trató de mis sueños, eran los tuyos. Tuve la edad suficiente para soñar en grande, pero jamás accioné para verlos realizados. Hija, al leer esta carta recordarás lo que te dije, creo que lograrás ser todo lo que deseas y te aplaudiré desde el cielo. No me he ido, solo te presté parte de mi vida para que completes la tuya. Ahora la viviremos intensamente juntas. Ahora mamá está en ti".

"Cuando tenemos claro que los hijos son herencia de Dios, jamás retendremos el crecimiento de lo que a Dios le toca heredar".

Al terminar este relato, usted como lector, querrá saber si ocurrió en la vida real o no. Le diré que en este momento me encuentro en un avión con destino a predicar en una congregación, pero mientras estaba aquí, Dios me contó esa historia para este capítulo. Me impresioné al escucharla, pero más en lo que me dijo al finalizarla: "Yo soy esa madre y ese padre que dio la vida de su hijo para que todos ustedes alcancen sus sueños y los míos. Yo vivo en ustedes y ustedes en mí. Por lo tanto, existo ante lo visible, pues son mi gran sueño, la humanidad, mi imagen y semejanza". Como recordará, Jesús aprendió del Padre a usar parábolas al hablar, para hacer entender a los suyos, grandes secretos.

Cuando tenemos claro que los hijos son herencia de Dios, jamás retendremos el crecimiento de lo que a Dios le toca heredar. Tengo que decirle algo, la cuestión de una herencia en temas legales implica mucho más de lo que creemos, es un derecho que no puede ser violentado en ninguna manera. Al observar que el texto dice: "Herencia de Dios son los hijos" (Salmos 127:3), nos está aclarando que no son nuestros. El tiempo que los tenga fórmelos, ámelos y hágalo bien para su dueño, porque se nos va a reclamar cada falta de amor, cada palabra dura, cada vez que ellos necesitaron un abrazo y estuvimos en el televisor, o envueltos en las cosas del trabajo, o ministeriales. Créame rendiremos cuenta de nuestra crianza, no podemos formar con mano dura y con la misma disciplina que nos criaron a nosotros.

En muchas ocasiones, nuestra crianza fue dura, fuerte, rígida y sin amor o afecto. Sin embargo, eso no nos da derecho a criar de igual forma. Queremos que nuestros hijos hablen verdad, pero le decimos: "Si me llama tal persona, dile que no estoy". Le decimos, no fumes, pero nos ven encender el cigarrillo. Cuando hablo de "nos" me incluyo porque soy madre, no porque tenga tales prácticas, me he entregado tanto al Señor que he procurado que mi pasión en Él sea contagiosa a ellos, esa ha sido mi clave. Cuando sabe que algo le fue delegado y el dueño va a regresar por ello, ¿verdad que pone todo su empeño para quedar bien con el dueño y poder ganar así su confianza?

Lea lo que me sucedió a mí, años atrás. Recuerdo que me dejaron al cuidado de una niña, aquellos hermanos de la fe debían ir a ministrar y el padre de la niña me dijo: "Rita que mejor que tú, mientras mi esposa y yo predicamos esta noche". Yo accedí, aunque les seré sincera, fue la peor noche de nuestras vidas. Estamos acostumbrados a tener nuestra casa muy recogida; mis hijos juegan, corren, se divierten, pero inmediatamente que terminan, todo vuelve a su lugar. Nadie brinca en los muebles, y menos golpea o escupe. Los gritos no son parte de nuestro hogar a menos que sea para llamarnos entre si cuando estamos en largas distancias. Para mí era una gran responsabilidad, pues los padres de esta niña vendrían por ella. Debía hacer un buen trabajo, sino ¿qué pensarían sus padres de nosotros?

Lo menos que imaginé es que nos dejarían a cargo a un remolino, mezclado con torbellino en altas esferas. Aquella niña amados, gritaba, escupía, hablaba áspero, golpeaba, se trepaba en los muebles, no seguía instrucciones, y peor aún, me decía: "Mis papás me dejan hacer todo esto, y cuando quiero algo grito y ellos me lo dan. Así que, señora Rita, quiero queso y si no me lo da grito". Esa niña jamás imaginó en la casa que estaba, mis hijos más pequeños sonrieron y dijeron: "Mami iremos al cuarto, regresaremos cuando ella entienda la lección y las normas de nuestra casa".

Jamás, pero jamás, he creído que la violencia o los golpes puedan corregir a alguien, jamás. Yo fui muy lastimada en esta área por mi cultura, su forma de criar, y esto creó en mí rabia y poca tolerancia con los demás, por lo que Dios tuvo que intervenir y sanar esas áreas. Así que, la niña se fue al piso y comenzó a gritar y a revolcarse, yo me fui al piso con ella e imité todo lo que hizo. ¡Imagínese usted!, ella y yo gritando juntas y revolcándonos en el piso.

De repente, ella comenzó a bajar el tono de voz y dejó de retorcerse al ver que yo no cedía a su manipulación. Yo grité más fuerte y me revolqué más que ella. En ese momento la niña paró de llorar y me dijo: "Señora Rita, usted se ve muy fea haciendo eso, pare ya". Me recompuse, la miré y le dije: "Es cierto, nos vemos muy feas y somos las princesas de Dios, dime mi reina, ¿qué era lo que me estabas pidiendo?" En tono muy bajo me dijo: "Queso", le contesté: "Pues no tengo, se acabó, pero puedo compartir mis frutas". Ella contestó: "Está bien doña Rita, gracias". Jamás le grité, jamás la toqué, no le corregí, solo le modelé su forma de expresarse y al verla en mí supo que en ella se veía fatal. Yo no corrí a darle el queso, ni utilicé voz de niña para complacerla, solo le demostré que su teatro no funcionaría conmigo.

Al rato, sacamos un rompecabezas y ella trató de tomar todas las piezas para ella, dejándonos sin nada prácticamente en la mesa. Bastó una mirada entre ella y yo, y las piezas fueron liberadas en toda la mesa. Me imagino que esta niña pensó, si se tiró comoyo al suelo nos dejará igual sin piezas, prefiero ser amable y compartir, pues esta señora está más loca que yo. Al pasar la tarde cantamos al Señor, oramos juntos y todo fluyó en perfecto orden.

"Buenos padres no son los que hacen lo que sus hijos quieren, ni corren tras sus manipulaciones; son aquellos que saben poner un alto con autoridad sin lastimar".

La niña se acopló a nuestra atmósfera y era dulce y educada, estábamos contentos hasta que llegaron sus padres a recogerla. Esta niña de 8 años comenzó a gritarles: "No me trajeron nada, son malos, no me aman". Su madre rápido se le lanzó en los brazos y le dijo: "Iremos de inmediato a buscarte un regalo mi amor", a lo que repliqué y casi llego al techo: "No, no irán, pues ustedes son buenos padres y ella no necesita nada, solo un baño, orar y dormir". La niña bajó la cabeza en forma de respeto y le dije: "Muñeca, ¿puedes ir con mis hijos a la sala y seguir viendo la película de la súper Biblia?" "Sí, señora Rita", contestó ella. Alejé a los padres de la sala y les dije: "Pueden ser buenos predicadores, pero son pésimos padres".

Ellos abrieron los ojos asombrados de mis palabras, continué: "Buenos padres no son los que hacen lo que sus hijos quieren, ni corren tras sus manipulaciones; son aquellos que saben poner un alto con autoridad sin lastimar. Están criando un verdadero estorbo público, una niña sin modales, sin amor, llena de egoísmo, que no comparte y manipula para obtener lo que quiere, ¿eso es lo que van a entregarle a Dios de regreso?"

Ellos bajaron la cabeza y el papá me dijo: "Profeta trato de disciplinarla, pero mi esposa no me deja". En ese momento casi me desmayo de la reacción y le dije: "Usted es el sacerdote y ella, que tanto fuego bota por la boca, debe ya ser puesta en orden. Si usted no se da a respetar esas dos acabarán con usted. No creo en la violencia, no creo en el maltrato, pero sí en la disciplina, y su esposa debe conocer su rol y no alterar el de usted. La Biblia dice que la mujer sabia edifica, ella está destruyendo, no edificando y deben actuar rápido porque si esta niña llega a la adolescencia como va, no tendrán control de ella. Habrán ganado miles, pero habrán perdido su propio hogar, ¿de qué les vale?"

Me dirigí a ella con la vista y le dije: "Usted no es sabia, no puede criar sola y quitarle el derecho a su esposo sobre su propia hija, quiero que sepa que el papel del padre es tan vital como el de la madre. Ellos brindan seguridad y disciplina, nosotras amor y confianza. Es un trabajo de equipo no de usted sola, ¿no se da cuenta que lo está haciendo fatal?". Ella me contestó: "Eso fue lo que vi en casa profeta, mi papá no valía nada". Así que, ya se repetía el patrón de padres sin autoridad y niños engreídos, todo esto por no sanar antes del matrimonio, y conocer que la formación de nuestros hijos es la asignación más grande que Dios nos confió dentro del hogar.

"Padres, no exasperéis a vuestros hijos, para que no se desalienten", Colosenses 3:21.

Ellos quedaron en hablar con nosotros nuevamente para ayudarles, y nosotros a la mayor disponibilidad de bendecirles. La niña se fue, no muy contenta conmigo, pero sé que dentro de poco me lo agradecerá, no obstante, si no lo agradecieran, me siento satisfecha de aportar un granito de arena en este mundo.

"Y estas palabras que yo te mando hoy, estarán sobre tu corazón; y las repetirás a tus hijos, y hablarás de ellas estando en tu casa, y andando por el camino, y al acostarte, y cuando te levantes", Deuteronomio 6:6-7.

¿Qué palabras hablaba Dios? De la formación, de enseñarles a nuestros hijos sus estatutos, no dice que es en la iglesia que se aprende, es en el hogar. Es de suma importancia conocer, que mientras los hijos están en nuestro hogar, no debemos permitirles palabras soeces, música grosera, llegar fuera de las horas establecidas, tirar las puertas bajo coraje, ser indisciplinados y no tener tareas en el hogar. Esto no debe pasar, porque le dejarás un gran problema a la persona que compartirá la vida con tus hijos cuando se casen, estamos llamados a disciplinarlos.

"La vara y la corrección dan sabiduría; mas el muchacho consentido avergonzará a su madre", Proverbios 13:24.

La vara, no está hablando de agresión física, sino de corrección continua.

A los 5 años, la más pequeña de casa en tamaño, pero fuerte en carácter me dijo: "Me voy con mi abuelo, él siempre me da dulces". En ese instante la miré y dije: "Muy bien Zoe, te ayudaré a empacar". La envíe a buscar su ropa y saqué todas sus cosas del armario, ella bajo su berrinche accedió, se sentía adulta. Acto seguido, llamé a su abuelo a solas y le dije: "Necesito un favor, ven y busca a Zoe, no te la llevarás, le darás una vuelta con las maletas en tu carro y le dirás todas las responsabilidades que tendrá contigo. Le explicarás que ustedes no realizan altares familiares frecuentes, que no van frecuentemente a la iglesia, que no tienen cable TV para muñequitos, que no hay meriendas, que tiene que lavar su ropa y que ustedes no tienen lavadora, y que no hay conexión inalámbrica para su tableta de niña y sus juegos, todo esto era el entorno de la casa de sus abuelos". Al escucharme sonrió y le dije: "Luego, déjala decidir".

"Ellos llegarán donde no hemos llegado, no porque cargarán nuestra asignación, mas bien, serán mejores porque los hemos criado en el temor del Señor".

Al verme seria empacando inició el llanto, "Mamá es broma no me quiero ir". Le dije: "Debes asumir tus palabras y comportamientos, ya tu abuelo viene de camino y te irás con él como lo decidiste". Déjeme decirle algo amados, yo tenía el alma rota en pedazos y mis ojos aguados, pero era el momento de una gran lección, ¿cuál? Enseñarle a asumir posturas, hacerla responsable de sus acciones, que no podía controlarlo todo, que tenía que valorar lo que tenía en casa y sobre todo, que no podía herir a los que la amaban diciendo que los dejaría.

Fue una tarde triste, no entendía su actitud y era una niña. No le había enseñado eso, pero ya estaba desarrollando una personalidad que debía ser refrenada (el fracaso y comportamiento de tus hijos no siempre habla de ti, ellos tienen intelecto propio, y muchas veces copian conductas de sus compañeros de escuela). Su abuelo llegó y el llanto fue peor, la montamos en el carro, el abuelo le explicó lo que no había en su casa y lo que ella debía hacer. La vuelta no duró ni tres minutos, cuando mi niña estaba pidiéndome perdón y ella misma acomodando el pequeño bulto que había realizado. Ambas lloramos, no me imagino sin mis hijos, son mi regalo de Dios y milagro, pues según la ciencia no podría tener hijos. Dios los avergonzó dándome cuatro. ¡Imagínense si llegara a poder, tuviera un equipo de pelota! Jajaja. Ella aprendió la lección al punto que aún tengo hijos mayores de edad en casa, y aman estar con nosotros. Trabajan conmigo para el reino más alto, el de Dios. Amén.

Nunca les he permitido la manipulación y menos que me digan: "Este es mi cuarto". Siempre les enseñé que no es su cuarto, es donde duermen, pues la casa la pagamos los adultos. Eso les ayuda a saber que hay normas y responsabilidades, y que estar encerrados sin que sepamos lo que sucede adentro no es permitido. Jamás los he amado tanto al punto de estar ciega, no son nuestros hijos, por ende, debemos criarlos a la altura de su dueño, Dios, y que sean irreprensibles y aptos para ser flechas. Son herencia de Dios y honra a nosotros, pero flechas de nuestra `. Ellos llegarán donde no hemos llegado, no porque cargarán nuestra asignación, mas bien, serán mejores porque los hemos criado en el temor del Señor. Muchos de nosotros, no nacimos en el evangelio, pero tenemos el honor y la enorme bendición de tener a nuestros retoños en Dios. Esto es una gran apertura para que nuestra generación cambie y viva en bendición. Pero depende de nosotros, de nuestra búsqueda en Dios, de formarlos conforme a la palabra de Dios y a sus estatutos. Recuerda Dios no pasará de largo, él visita nuestras generaciones y mira todo lo que en ellas se está levantando.

"No te inclinarás a ellas ni las servirás; porque yo soy Jehová tu Dios, fuerte, celoso, que visito la maldad de los padres sobre los hijos hasta la tercera y cuarta generación de los que me aborrecen, y que hago misericordia a millares, a los que me aman y guardan mis mandamientos", Deuteronomio 5:9-10.

"Que guarda misericordia a millares, que perdona la iniquidad, la rebelión y el pecado, y que de ningún modo tendrá por inocente al malvado; que visita la iniquidad de los padres sobre los hijos y sobre los hijos de los hijos, hasta la tercera y cuarta generación", Éxodo 34:7.

NOTAS

Capítulo 2

Son tus hijos, no tus sueños

"Trayendo a la memoria la fe no fingida que hay en ti, la cual habitó primero en tu abuela Loida, y en tu madre Eunice, y estoy seguro de que en ti también", 2 Timoteo 1:5.

Esta porción, nos insta a saber que es posible modelar una fe sincera a nuestros hijos y generaciones. Ser padres es el honor más grande que podamos tener, no obstante, muchos se convierten en idólatras de sus hijos. En ocasiones, es tanta la admiración y el amor que tratan de vivir su vida en ellos. No sé si usted, al igual que yo, conoció algún caso donde la madre decía: "Yo soy enfermera, mi hija también lo será", o "Mi papá era policía, mi hijo debe serlo". Déjeme decirle amado hermano, que Jesús no fue carpintero, fue el hijo de un carpintero.

"¿No es éste el carpintero, hijo de María, hermano de Jacobo, de José, de Judas y de Simón? ¿No están también aquí con nosotros sus hermanas? Y se escandalizaban de él", Marcos 6:3.

El aprendió lo que su padre hacía, pero no hizo lo mismo, ¿sabe por qué? Obvio, siempre nuestro legado tendrá mayor responsabilidad que nosotros, mientras más joven sea la generación más alta será la responsabilidad, pues los tiempos se tornan más agresivos.

La historia a continuación es una real y la comparto con autorización. Conocí esta mujer en la universidad, su padre quien era abogado, la condujo a estudiar criminología, de hecho, estudiamos juntas la misma concentración. Él le inyectó esto, pero el sueño de mi compañera era ser enfermera; así que pasaba por los salones de medicina y su corazón palpitaba fuertemente, pero debía volver con gran tristeza al salón de leyes y fundamentos sociales donde ambas estudiábamos. Al pasar del tiempo se graduó, era pésima en las leyes, pero donde quiera que alguien se cortaba ella aparecía y buscaba como ayudarle. Jamás conocí a alguien con tan alto deseo de ayudar a la sanidad de otros.

Pasaron años y se frustró, fue tal su dolor que dejó todo. Su padre estaba indignado y le dijo: "Tenemos que hablar, nos veremos hoy en el café del lado". Ambos llegaron a la cita y de inmediato su padre le reprochó, "¿Por qué renunciaste al bufete de abogados que te recomendé?" Ella le contestó: "Papá porque no soy feliz, no me siento para esto". El padre muy molesto le dijo: "No se trata de sentir es de hacerlo y ya. Además, mira la edad que tengo, no llegué a ser el juez que quería, pero tú lo lograrás, así que volverás a la oficina y llamaré para que te reciban, punto". Aquella mujer, ya mayor de edad, comenzó a llorar, se lleno de valor y le dijo: "Estudié lo que querías, pero no viviré tus sueños y anhelos, me niego a complacerte. Querías un diploma, pues está en tu pared, ahí lo tienes; ahora seré lo que siempre soñé, enfermera. De esta forma ayudaré a todos los que pueda y punto".

La mujer se marchó con dolor, su padre dejó de hablarle, sin embargo, al paso de varios años llegó a ser una de las mejores enfermeras del regional de su ciudad. Tenía una buena posición, brindaba excelentes servicios, era compasiva, y el hospital y sus pacientes la amaban. Un día de regreso a su hogar recibió una llamada del hospital, en ella le informaban que su padre estaba grave a causa de un accidente. Ella corrió al hospital de inmediato y movió todo a favor de su padre. Lo atendieron y lo estabilizaron, pero no aseguraban nada, en pocas palabras lo desahuciaron.

El hombre quedó parapléjico, ¿sabes quién se dedicó a atenderlo directamente y con esmero? Su hija, él no puede hablar, pero sí escuchar. Día a día con sus lágrimas le agradece el cambio de pañal, la limpieza de sus úlceras y las constantes caricias llenas de amor; si su hija hubiese cumplido sus sueños, hoy fuera una juez sin tiempo para verlo, y él estuviera en un asilo recibiendo el cuidado de manos de un extraño. ¿Qué quiero decir con esta historia? Dejemos de vivir nuestra vida en la de nuestros hijos, de peinarlos a nuestra manera y de vestirlos a nuestro gusto, tengo 4 hijos y son totalmente distintos.

"Si respondiéramos por las faltas de nuestros familiares entonces el precio lo hemos pagado nosotros, no Jesús".

Algo que le dije a mis hijos al iniciar el pastorado fue: "No permitan que nadie los estruje ni maltrate por ser hijos de pastores, ¡no!, ustedes son hijos de Dios, merecen respeto. Sean ustedes mismos y vistan decorosamente; es lo que mamá les pide, porque así Dios lo requiere, pero sean modernos y bellos". También les enseñé que ellos no eran responsables por mi conducta; si respondiéramos por las faltas de nuestros familiares entonces el precio lo hemos pagado nosotros, no Jesús.

La Biblia relata que los hermanos de Jesús eran imprudentes, no creían en Él, sin embargo, Jesús jamás se avergonzó de la conducta de sus medios hermanos, solo se enfocó en su asignación.

"Después de estas cosas, andaba Jesús en Galilea; pues no quería andar en Judea, porque los judíos procuraban matarle. Estaba cerca la fiesta de los judíos, la de los tabernáculos;y le dijeron sus hermanos: Sal de aquí, y vete a Judea, para que también tus discípulos vean las obras que haces. Porque ninguno que procura darse a conocer hace algo en secreto. Si estas cosas haces, manifiéstate al mundo. Porque ni aun sus hermanos creían en él. Entonces Jesús les dijo: Mi tiempo aún no ha llegado, mas vuestro tiempo siempre está presto. No puede el mundo aborreceros a vosotros; mas a mí me aborrece, porque yo testifico de él, que sus obras son malas. Subid vosotros a la fiesta; yo no subo todavía a esa fiesta, porque mi tiempo aún no se ha cumplido. Y habiéndoles dicho esto, se quedó en Galilea", Juan 7:1.

Cuando criamos a nuestros hijos con la mentalidad de que lleguen donde no hemos llegado, estamos haciéndolos nuestros ídolos y monigotes; queremos que cumplan nuestros deseos, pero no la voluntad de Dios. Esto es pecado, pues no puedes vivir por ellos, ni ellos por ti, ambos deben vivir para Dios. En muchas ocasiones, he escuchado a padres decir: "Sé alguien en la vida, gradúate, has algo por ti". Esto es totalmente erróneo, a nuestros hijos no los define una profesión, tampoco un título. Ellos ya vinieron con valor, ya son alguien, su preparación no los hace tomar estima o valor, pues ya ellos nacieron con ella, no obstante, estos valores crecen conforme a nuestro modelaje y amor.

Carlos, mi hijo varón mayor, había incursionado en la universidad y estaba estudiando sistemas de información. Yo sabía que él no amaba esa profesión, pero muchos de los familiares cercanos le decían: "No estudies nada de leyes policiacas, es muy peligroso, además eso no es vida". Yo, por otra parte, le decía: "Siempre pregúntale a Dios dónde Él te necesita, porque siempre serás efectivo para el lugar que Dios te diseñó".

Aunque mi hijo tiene un llamado pastoral y profético, jamás le obligué a estudiar nada de ello, siempre le recordé con amor quién era en Dios. Lo veía llegar de la universidad y ser aplicado, pero no había pasión en esa vocación. Un día me senté y le dije: "Jamás he tomado tus sueños como míos y no lo haré, pues te obligaría a cumplirlos y ya no sería divertido, estoy para impulsarte y sobretodo para verte feliz. Yo sé que deseas terminar en la rama judicial, y para mí serás uno de los mejores, amo verte feliz. ¿Por qué no le preguntas a Dios qué Él opina de tus sueños?, al final serás el mejor pastor de la rama judicial". Continué: "Dios necesita luz en todo lugar y no solo en la iglesia", me dijo: "Yo pensé que tú no querías que yo estudiara eso", le dije: "Hijo ningún padre desea que sus hijos estudien nada de peligro, pero yo no te haré vivir mis sueños, no es justo. Quiero verte feliz y siendo el mejor en aquello que decidas con la ayuda de Dios. Sabes hijo, mi madre quería que yo fuera médico, pero yo amaba el estilismo, la justicia criminal, y defender a los demás, para mi madre fue muy fuerte verme estudiar peluquería y justicia criminal, pero cuando vio que logré mi propio

"Siempre pregúntale a Dios dónde Él te necesita, porque siempre serás efectivo para el lugar que Dios te diseñó".

negocio y que ganaba más de estilista que de médico, sin tener que perder madrugadas en una sala de emergencia, entendió que mejor es apoyar los sueños que tratar de vivirlos".

Sus ojos brillaron, su actitud cambió, y está muy platicador, pero sobretodo animado, está viviendo sus metas, no las de nadie. Siempre he apoyado a mis hijos dejándole tener su propio estilo y personalidad, en lo único que no he negociado es en permitirles irse tras dioses ajenos, no les he impuesto a Jesús, se los he modelado. Han visto que Dios contesta y que ha sido fiel con mamá, Amén.

Este relato a continuación, lo hemos leído un sinnúmero de veces, sin embargo, hoy deseo que podamos verlo desde otro punto. Quiero que pueda ver cómo se puede desatar el odio, el celo y la venganza dentro de nuestros propios hijos cuando amamos de forma desmedida.

"José tenía 17 años y cuidaba los rebaños con sus hermanos. Les ayudaba a los hijos de Bilhá y de Zilpá, las esposas de su papá. José le contaba a su papá los males que hacían sus hermanos. Israel quería a José más que a sus otros hijos porque había nacido cuando él estaba muy viejo. Israel le hizo una túnica muy distinguida. Sus hermanos se dieron cuenta de que su papá amaba a José más que a ellos. Por esa razón lo odiaban y no podían decirle ni una palabra amable", Génesis 37:1-4.

Vemos que el padre de José lo amaba más que a los demás, solo porque lo había tenido en su vejez. La pregunta es ¿qué culpa tenían los hermanos de José, para no ser amados y estimados como él? Por supuesto, esto no le daba derecho a sus hermanos para hacer toda la crueldad que hicieron con

José, pero note esto ¿quién provocó dicha división y rebeldía? ¿Quién le cosió una túnica de colores solo a él teniendo más hijos? ¿Quién admiraba más a José aun delante de sus hermanos? Su papá, esto creó dos situaciones: un hijo orgulloso y creído, y unos hermanos rebeldes con rechazo. ¿Por qué menciono que José era un creído? Él reveló una raíz de orgullo; Dios le dio un sueño, pero no lo envió a decirlo a sus hermanos y aunque aun en nuestros errores Dios se glorifica, esta manifestación de orgullo en José fue quebrantada por Dios en un pozo y en una cárcel, antes de llegar a palacio. En efecto él llegaría, pero no con semejantes actitudes, pues estas ocasionarían un gobierno de control.

Observe cómo José le hace saber el sueño a sus hermanos: "José tuvo un sueño, se lo contó a sus hermanos y ellos lo odiaron todavía más. José les dijo: —Oigan este sueño que tuve. Estábamos juntos amarrando manojos de trigo en la mitad del campo. De repente mi manojo se levantó y quedó derecho. Después sus manojos rodearon el mío y le hicieron reverencias. Entonces sus hermanos le dijeron: —¿Será que vas a ser nuestro rey? ¿Será que nos vas a gobernar? Ahora sus hermanos lo odiaban aun más debido a sus sueños y lo que les decía. Después José tuvo otro sueño y también se lo contó a sus hermanos.

Les dijo: —Miren, volví a tener otro sueño: el sol, la luna y once estrellas me hacían reverencias", Génesis 37:5-9.

José no tuvo tacto al hacerle saber a sus hermanos el sueño, bien pudo contarlo sin la interpretación, pues reitero, Dios no lo envió a contarlo. Él sabía que poseía un don de interpretar sueños, así que les contó todo lo que acontecería sin tomar en cuenta que sus hermanos podían herirse, pues no tenían la sabiduría que Dios había puesto en él. Tal vez usted dirá, Dios amaba José, no obstante, déjeme decirle que Dios amaba a todos, solo que José cargaba una asignación distinta a los demás. Todos tenemos una asignación (propósito) en esta vida y esa asignación nos vuelve especial para Dios conforme Él sea glorificado en ella. La asignación de José era terminar en el palacio, la de los hermanos, venderlo para que pudiera llegar. Si José no pasaba por lo que pasó (que sus hermanos lo vendieran como esclavo, reflejo de como ellos se sentían delante de José), jamás se hubiese despegado de su padre, ambos tenían una codependencia dual entre sí y lazos de alma.

¿Qué quiero decirles? Dios tenía un plan el cual iba a cumplir, pero vemos un padre que no tuvo medida al criar, que olvidó que todos necesitaban ser amados y que debía criarlos en unidad, sobre todo sin hacer diferencias. Esto sucede en muchos hogares, papá o mamá aman más al terrible o al más vulnerable, descuidando a los que aparentan ser "fuertes" o independientes, creando laceraciones difíciles de reparar. Amar a nuestros hijos de forma desmedida no es sano, también es maltrato. Es bueno que desee ver a sus hijos llegar lejos, pero con su propio esmero, identidad, deseo, lucha y valor. No que lleguen a altos niveles para que le digamos que no los deben a nosotros, no es la verdad, todo se lo debemos al Señor restaurador de las vidas, y quien nos levanta cada mañana. Es nuestro deber darle lo mejor a nuestros hijos, es un honor hacerlo, ellos no pidieron nacer, Dios nos los entregó como regalo de su amor para con nosotros, sin embargo, no podemos olvidar que no nos pertenecen.

"La asignación de José era terminar en el palacio,la de los hermanos, venderlo para que pudiera llegar".

Por último, Dios envío a su hijo por amor, pero si lees los evangelios detenidamente verás que el Padre jamás obligó a Jesús a dar su vida. Es nuestro amado Salvador quien admite que nadie le quitó su vida, sino que Él la entregó.

"Nadie me quita la vida, sino que la doy libremente. Tengo el derecho de darla y de recibirla de nuevo. Eso es lo que me ordenó mi Padre", Juan 10:18.

Este es un vivo ejemplo de que el Padre lo envió con un propósito, pero Jesús tendría que tomar la decisión de hacer su voluntad o la del Padre. No obstante, Jesús que era Dios encarnado amaba el mismo plan de salvación para la humanidad que el Padre ya había creado.

No hagamos de nuestros hijos nuestra réplica, nuestro diseño, nuestra meta, mas bien, hagamos de ellos personas de bien. No importa la carrera que escojan, si quieren ser barrenderos que sean los mejores que barren en la ciudad, al final una ciudad es saludable, y limpia gracias a ellos, cada profesión es honrosa para el Señor. Dejemos que ellos escojan y seamos su apoyo con amor, que incluso sean mucho mejor que nosotros. Eso es éxito, que nos superen en todo, sin tener que imitarnos. Amén.

"Padres, no hagan enojar a sus hijos sino edúquenlos con la disciplina y la enseñanza del Señor" Efesios 6:4.

NOTAS

Capítulo 3

No están en mi congregación, pero sí están en Dios

"Y dijo: "Por esta razón el hombre dejará a su padre y a su madre para unirse a su esposa y los dos serán un solo ser" Mateo 19:5.

Si hay un área donde el enemigo opera con violencia y de forma muy sutil es en las ataduras del alma y en las fortalezas mentales. Estas son aquellas cosas de las cuales no podemos desprendernos, que no queremos soltar y que el solo hecho de intentarlo nos causa dolor. A esto también se le conoce como codependencia y es una de las causas que provoca mayor destrucción a los matrimonios.

Luego de que nuestros hijos forman un hogar no debemos interferir en sus decisiones y mucho menos decirles qué hacer o dónde moverse. Debemos tener claro lo que enseñan las escrituras, pues nuestros hijos, al ser herencia de Dios, también tienen una asignación, un manual y un propósito que cumplir. Este propósito no debe ser manipulado por nosotros, el que yo sea pastora no significa que mi hija debe ser pastora. En la antigüedad se heredaban los ministerios, pero cuando Cristo vino, según Efesios 4, Él mismo estableció los ministerios.

"Y él mismo constituyó a unos, apóstoles; a otros, profetas; a otros, evangelistas; a otros, pastores y maestros, a fin de perfeccionar a los santos para la obra del ministerio, para la edificación del cuerpo de Cristo".

Él llama y Él ordena, ciertamente por Jehová son llamados los hombres de Dios. Podemos ver el caso de Jeremías, el padre de este era sacerdote y se entendía que Jeremías heredaría su llamado, sin embargo, Dios lo sorprendió llamando a Jeremías como profeta, no como sacerdote.

"Estas son las palabras de Jeremías hijo de Jilquías. Jeremías provenía de una familia sacerdotal de Anatot, ciudad del territorio de Benjamín", Jeremías 1:1. "Antes de formarte en el vientre, ya te había elegido; antes de que nacieras, ya te había apartado; te había nombrado profeta para las naciones", Jeremías 1:6. Siempre veremos a Dios crear un destino profético en cada generación conforme a lo que Él necesita.

"Siempre veremos a Dios crear un destino profético en cada generación conforme a lo que Él necesita".

A lo largo de los años en el ministerio, me he topado con padres que tienen hijos congregándose en otros lugares apartados de ellos, no obstante, ellos oran de día y de noche para que sus hijos abandonen ese lugar y se muden con ellos a sus congregaciones. Es claro que no conocen la revelación de Dios, la iglesia es una sola y aún cuando nuestros hijos no se congreguen con nosotros lo que nos debe importar es que estén en el camino y que permanezcan. No importa si Dios los tiene sirviendo en otra congregación, es para Su gloria, aquí lo importante es que se mantengan en el Señor.

Como ministro del Señor atravesé esta situación con mi hija mayor. En ese tiempo su novio, ahora esposo, comenzó a congregarse en otra iglesia. Ella que no estaba de acuerdo con algunos dogmas de la iglesia donde nos congregábamos, decidió congregarse con él y yo respeté su decisión. Primero era mayor de edad, y segundo, no le impongo a mis hijos, entendí que Dios estaba trabajando unas áreas de ella las cuales yo no debía interrumpir. Por supuesto, era muy triste levantarme en la mañana, ver la camioneta llena de todos los demás, y observar cuando ella se marchaba en su carro a su congregación. Tampoco era fácil no verla en el banco donde no sentábamos juntos como familia, ni ver que ya no era parte del ministerio de adoración donde comúnmente servía junto a su pareja. No obstante, yo entendía que era un proceso de formación y sanidad para ella y también para nosotros. Debíamos entender, que Dios en algún momento enviaría a mi hija con su pareja a ministrar a otros lugares. Para mi sorpresa, fue la mejor decisión que tomó, creció, sanó en áreas de liderato y volvió a creer en el ministerio de otros, porque jamás dudó del nuestro, pero si estaba demasiado incrédula de otros. Donde estaba servía genuinamente a Dios, pues no le llamaban la hija de la profeta.

Lamentablemente en ese tiempo, tuve que lidiar con varios hermanos inmaduros de la fe que me escribían ¿cómo es posible que usted siendo profeta y teniendo un ministerio su hija no se congregue con usted? Eran personas que querían bombardear, mi mente y mi corazón, así que constantemente iba al Padre creyendo que ellos tenían la razón, hasta un día que Dios me reveló esto tan grande que le compartiré. El Señor me dijo: "Las almas son mías, yo decido donde colocarlas a mi servicio, recuerda que no son tus hijos, son míos, no son tus sueños son los míos. El que se congreguen contigo no quiere decir que eres una ministro exitosa, hay muchos hijos de ministros que están en la congregación y odian a sus padres, no les creen, no les respetan y son infelices porque no pueden ser libres en mí como ellos quisieran. Sin embargo, tu hija, que es mi hija, es libre, ministra, adora, canta, está completa y ha vuelto a creer en el ministerio, mira la bella obra que hecho".Continuó: "El que esté a tu lado no necesariamente significa que será exitosa y que será una gran ministro. Ya tú le diste la semilla, agradece que hoy me sirve y que está en el templo, ella no se fue al mundo, ella solo cambió de congregación. Esto no quiere decir que has fracasado, esto quiere decir que hiciste buen trabajo. Hija entiende que hay raíces que deben crecer en otro terreno, no van a dejar de echar fruto por estar en otras cuerdas de terreno, más bien serán fortalecidas. Muchas veces el leoncillo se vuelve feroz cuando no está su padre para defenderlo, este debe tener garras, rugidos y los ojos más abiertos, para cuando venga el enemigo poder enfrentarlo en su propio terreno sin la defensa de papá León". Estas palabras confortaron mi alma, y más viniendo de mi Padre Celestial.

En ocasiones, por querer proteger a nuestros hijos evitamos que Dios los forme, evitamos que conozcan lo que nosotros hemos conocido con dolor, evitamos que la mano de Dios intervenga y creemos que tenerlos cerca va a hacer que modelemos una casa perfecta. Sin embargo, una casa perfecta no es en la que todos conviven en un mismo lugar, una casa perfecta es aquella que aun cuando todo se tambalea siguen amando, respetando y en unidad exaltando a Dios. En la Biblia vemos claramente, cómo David nunca estuvo muy cerca de su padre, sino sus hermanos.

"E hizo pasar Isaí siete hijos suyos delante de Samuel; pero Samuel dijo a Isaí: Jehová no ha elegido a éstos. Entonces dijo Samuel a Isaí: "¿Son estos todos tus hijos?" Y él respondió: "Queda aún el menor, que apacienta las ovejas". Y dijo Samuel a Isaí: "Envía por él, porque no nos sentaremos a la mesa hasta que él venga aquí", 1 Samuel 16:10-11. "Y Saúl le tomó aquel día, y no le dejó volver a casa de su padre", 1 Samuel 18:2.

También podemos ver claramente cómo Dios apartó a José de su padre, así que estuvo en dificultad lejos de su padre. "Entonces Judá dijo a sus hermanos: ¿Qué provecho hay en que matemos a nuestro hermano y encubramos su muerte? Venid, y vendámosles a los ismaelitas, y no sea nuestra mano sobre él; porque él es nuestro hermano, nuestra propia carne. Y sus hermanos convinieron con él", Génesis 37:26-27.

Jesús, nuestro mayor ejemplo, experimentó dificultad. "Cerca de la hora novena, Jesús clamó a gran voz, diciendo: Elí, Elí, ¿lama sabactani? Esto es: Dios mío, Dios mío, ¿por qué me has desamparado?", Mateo 27:46,

El Padre estaba en los cielos y Jesús estaba en la tierra. Esto no quiere decir que hubo fracaso en esta decisión, sino que ambos estaban tomando una asignación y formación, revelando al mundo lo importante que es respetar los espacios y los procesos que Dios quiere trabajar con nuestros hijos. El que no estén en nuestra congregación no quiere decir que hemos fracasado, al contrario, seguimos orando por ellos para que donde quiera que Dios los establezca el reino de Dios y su poder llegue con ellos. De esta forma cuando nos sentemos a la mesa a compartir, hablaremos de la grandeza y el poder de Dios, sin tener que quejarnos por no estar en un mismo templo. Nunca olvidemos que no importa que no estén en nuestra congregación siempre serviremos al mismo Señor, con un mismo espíritu y caminando en su perfecta voluntad.

Nuestra cultura latina tiene una grave práctica que violenta los principios de Dios, y es que tendemos a cuidar más a nuestros hijos que a nuestros cónyuges. Les llamamos "nuestros bebés", a adultos que deben hacerse responsables de sus decisiones. Cometemos el error de decir frente a ellos que siempre serán nuestros bebés sin entender la connotación que esto causa en el pensamiento crítico de nuestros hijos. Creamos una fuerte dependencia de modo que al ellos hacer su vida e independizarse, no sabemos despegarnos, esto ha llevado a muchos matrimonios a caer en el síndrome del "nido vacío", terminando con una sensación de soledad y total abandono dentro del matrimonio.

"Nunca olvidemos que no importa que no estén en nuestra congregación siempre serviremos al mismo Señor, con un mismo espíritu y caminando en su perfecta voluntad".

Una de las historias que enfrenté en una consejería a un matrimonio, fue la partida de su "última niña". Esta tenía 28 años, pero así le llamaban sus padres, su niña. Al momento de casarse ellos quedaron solos. El silencio en la casa era tan grande que estaban enfrentando situaciones entre ellos, mientras el esposo veía noticias ella deseaba hablar, pero allí no estaba la niña, sino el esposo, aquel que ella no atendió por años porque era "la niña" la que escuchaba. El esposo se acostumbró al total abandono, así que el televisor fue su mejor aliado. La esposa trataba de acercarse, pero él no respondía, así que iniciaron los reclamos tales como: "Siempre he estado solo, pues solo atendías a la niña, ¿de qué quieres hablar ahora?" Ella entre lágrimas le decía: "Es que siempre estabas pegado a ese televisor y no me atendías". El por su parte refutaba: "Cada vez que me acercaba a ti para opinarte algo me decías que ya habían decidido, todo lo que hay en este hogar son puras decisiones suyas. Ve ahora y múdate con ella para que te escuche, y déjame en paz".

La casa se convirtió en un museo, me costó mucho, y le doy todo el honor a Dios, crear un plan para que volvieran a conocerse y a reencontrarse. Uno de los planes que creamos fue que llegaran a un nuevo lugar a congregarse, ya que los domingos todos estaban en el mismo lugar y de ahí volvían a salir en caravana para compartir, repitiendo la misma dinámica donde la hija le contaba todo a su mamá y el papá hablaba con el yerno. Por lo tanto, tomamos la sabia decisión de que se congregaran aparte, pues era un lazo del alma fuerte lo que esta madre e hija tenían, y hasta no reparar esta grieta no era bueno frecuentarse tanto.

Aclaro, se debe tener una hermosa relación con nuestros padres, siempre y cuando no sea una relación tóxica. Para esta madre fue casi de infarto que le enviáramos a cambiar de congregación, y no por la iglesia sino porque no vería a su hija, sin embargo, sus pastores estuvieron muy de acuerdo por el bien de este matrimonio. Ella me dijo: "No estarán en la misma iglesia que yo, que dirán de mí, no estarán adorando con nosotros". Mi respuesta fue: "No estará contigo en el templo, pero estará con Dios donde debe. Si no la suelta le estará enseñando como abandonar a su esposo, como darle su lugar a los hijos. ¿Se ha percatado cómo sufre sola en su casa? ¿Desea repetir la historia en su hija?" "Por supuesto que no", dijo ella. Y le dije: "Pues aléjese, déjela disfrutar su matrimonio, déjela ser".

A lo largo del ministerio, he conocido hijos de ministros que son jóvenes adultos a los que aún sus madres les hacen todo. Van con ellos a la iglesia y hasta le dicen como adorar y orar, no es lo mismo enseñar que diseñarle el método. No hemos entendido que Dios necesita formar nuestros hijos conforme a su propósito y diseño, no al nuestro.

Ana, la madre de uno de los mayores profetas, vivió una historia muy fuerte. Ella le había pedido un hijo a Dios, lloró amargamente, ayunó, vigiló, se separó, aguantó burlas, insultos, oprobio y críticas. ¿Dígame si después de esto ella no merecía el cielo? No dudaba de Dios, solo le rogaba. Quiero que entienda esto, cada petición nuestra Dios la usa para una oportunidad de ver su gloria y mostrar su deseo. Ana quería un hijo, Dios necesitaba un profeta. Esta mujer pagó un alto precio de burla pública, sin embargo, no dejó de clamar por lo que quería. Cuando al fin Dios se lo concedió, ella le dijo: "Te lo entrego a ti".

"Ana quería un hijo, Dios necesitaba un profeta".

Amado lector, este es el acto más grande de desprendimiento voluntario hacia Dios, es bastante parecido al del Padre, que se desprendió de su propio hijo para entregarlo por nosotros. Ana hizo lo mismo, dejó en el templo a su hijo. No lo veía todos los días, subía una vez al año a verlo. Luego de orar por lo más que amaba, lo entregó como ofrenda de gratitud, por tal acción, Ana tuvo cinco hijos más.

"Y visitó Jehová a Ana, y ella concibió, y dio a luz tres hijos y dos hijas. Y el joven Samuel crecía delante de Jehová", 1 Samuel 2:21.

Nunca reprochó por no tener al lado a su hijo o en el mismo lugar que ella adoraba, oraba o leía la palabra, no estaban juntos, pero ambos estaban en Dios. No solo le dio un hijo, le regaló un profeta que estuvo todo el tiempo en la presencia de Dios. El que no estén con nosotros no habla de fracaso, habla de madurez, porque dejará el hombre a sus padres para unirse a su mujer.

"Por tanto, dejará el hombre a su padre y a su madre, y se unirá a su mujer, y serán una sola carne", Génesis 2:24.

Quien enseña a nuestros hijos es Dios, no nosotros. Nuestra parte es modelarles a Jesús.

"Y todos tus hijos serán enseñados por Jehová; y se multiplicará la paz de tus hijos", Isaías 54:13.

Aprendamos a despegarnos y dejarlos volar en las alas de Dios.

NOTAS

Capítulo 4

Modélales no le exijas

"¿No es este el carpintero, hijo de María y hermano de Jacobo, de José, de Judas y de Simón?", Marcos 6:3.

Algo muy valioso e importante en las sagradas escrituras es poder entender lo que el Padre quiere decirnos a través de ellas. ¿Por qué se referían a Jesús como el hijo del carpintero? Fíjese que no lo identificaban por el conocimiento que Él tenía de las sagradas escrituras, sino con el ejemplo de José, ¿sabes por qué? Porque siempre relacionarán a nuestros hijos o a nuestra generación conforme a lo que en casa se modeló. Jamás nos distinguirán por lo que hablemos, sino por el modelo que dejemos en el legado.

El papel de José fue muy poderoso y admirable. Fue un padrastro que mostró que Dios no menosprecia a los padres de crianza, Él mismo los escoge cuando el natural no puede estar presente.

"José su marido, como era justo, y no quería infamarla, quiso dejarla secretamente. Y pensando él en esto, he aquí un ángel del Señor le apareció en sueños y le dijo: José, hijo de David, no temas recibir a María tu mujer, porque lo que en ella es engendrado, del Espíritu Santo es. Y dará a luz un hijo, y llamarás su nombre Jesús, porque él salvará a su pueblo de sus pecados", Mateo 1:19-21.

Echemos un vistazo a la vida de padre terrenal de Jesús. José se comprometió con una mujer que siendo virgen quedó embaraza, él la amaba, ¿por qué sabemos esto?, porque sus intensiones eran casarse, honrarla, y esperar como se debe al matrimonio. Otra razón es que la guardó, solo el amor soporta algo así, 1 Corintios: 13. Él la escondió, la protegió y aceptó el niño como de él. No lo rechazó, le enseñó su propia profesión, no obstante, lo dejó ser él y respetó la voluntad de Dios para con el niño. No había mejor padre de crianza para Jesús que José. Jesús creció siendo noble, trabajador y compasivo, aunque era Dios encarnado (Emanuel). Aprendió bien en lo natural de su padrastro José.

Quizás hoy no me entiendas. No basta con pagarle buenos colegios, carros y universidades, ¿dígame que tienen de usted que traiga honor a Dios? Es por medio de esa respuesta que sabremos de su buena semilla. No vemos a José diciéndole a Jesús qué hacer, solo le Modeló sus frutos. El fracaso en el hogar con nuestros hijos se debe en parte, a que los llenamos de instrucciones y reglas, pero no de molde, no tienen en quien ver lo correcto. Le decimos no llegues tarde a la escuela, sin embargo, nos ven saliendo tarde al trabajo y la iglesia. Cometemos el error de decirle "prepárate para que seas alguien en la vida", cuando esto es falso. Ya tienen valor aun sin profesión. Marcamos a nuestros hijos con palabras que en vez de edificar van destruyendo poco a poco su identidad y su ser.

La Forma de los Padres criar puede edificar un gran ser humano o un terrible monstruo. En la Biblia tenemos un gran ejemplo de ello, vemos cómo unos padres dividieron el corazón y escogieron, según ellos, a quién amar. Fíjese que los dos eran hermanos, y aunque en el vientre hubo litigio, en lo natural los padres complicaron más el asunto.

Leamos:

"Y crecieron los niños, y Esaú fue diestro en la caza, hombre del campo; pero Jacob era varón quieto, que habitaba en tiendas. Y amó Isaac a Esaú, porque comía de su caza; mas Rebeca amaba a Jacob. Y guisó Jacob un potaje; y volviendo Esaú del campo, cansado, dijo a Jacob: Te ruego que me des a comer de ese guiso rojo, pues estoy muy cansado. Por tanto, fue llamado su nombre Edom. Y Jacob respondió: Véndeme en este día tu primogenitura. Entonces dijo Esaú: He aquí yo me voy a morir; ¿para qué, pues, me servirá la primogenitura? Y dijo Jacob: Júramelo en este día. Y él le juró, y vendió a Jacob su primogenitura. Entonces Jacob dio a Esaú pan y del guisado de las lentejas; y él comió y bebió, y se levantó y se fue. Así menospreció Esaú la primogenitura", Génesis 25:27-34.

Vemos cómo uno de los hermanos se hace dueño de una herencia que no le pertenecía, la toma sin ningún problema. Había en ellos una crianza marcada de preferencia, uno era amado más por su padre, pues tenía gran agilidad en la caza, que le gustaba al Padre. Fíjese que no le amaba por ser hijo, sino por lo que el hijo representaba en el padre, orgullo. Al final vemos un desenlace no muy grato, todos hablan de la lucha de los hermanos, pero fíjese la crianza que recibieron. El modelo que vemos en nuestros hijos habla de la clase de padres que somos, por supuesto, hay excepciones a la regla, pero en su mayoría formamos a nuestros tesoros como queríamos ser y admiramos de ellos lo que a nosotros nos faltó. Esto agrava la situación de su formación y crecimiento.

Nuestros hijos jamás amarán al Dios que menospreciamos. Jamás buscarán su rostro si nosotros no lo modelamos. No podemos querer darle lo que nosotros mismos no ingerimos. En mi familia a todos nos criaron bajo el catolicismo, no obstante, había otra descendencia que era de brujería. Por ende, en mi generación muchos de mis primos terminaron practicando la brujería y la hechicería. Al llegar a la edad de la adultez muchos criticaban a mis primos y tías por tales creencias, pero la realidad es que ellos fueron los que crearon el molde que le dio forma a esta mala práctica, pues la brujería solo trae muerte, escasez, pobreza, enfermedad y miseria. Todo lo que un espíritu contrario al Espíritu de Dios te dé, vendrá de regreso a buscarlo.

"Nuestros hijos jamás amarán al Dios que menospreciamos".

Conversando con una de mis primas me dijo: "La vida que he tenido es la que aprendí. Aprendí a perdonar varias infidelidades, fue lo que vi que toleraba mi mamá. Aprendí a dejarme golpear, a no usar mi propio dinero, aprendí a ser infiel, y a ser una mujer de estima baja. Pero fíjate prima, mi mamá lleva muchos años casada con mi papá, valió la pena". Le dije: "¿O sea que llamas éxito a muchos años de matrimonio sin ser feliz? ¿Llamas éxito a vivir con la misma persona, aunque sea un infierno? ¿Llamas felicidad a tener el mismo esposo, aunque te trate como basura? Eso no es éxito.

Un autor desconocido me enseñó esto: "Dios no me creó hormiga para aceptar migajas, me creo mujer para vivir como reina". La abracé y le recalqué: "No te culpo por el modelaje que tuviste, no soy quien para juzgar. Pero aún estás a tiempo de ser plena y feliz como Dios quiere. No promuevo el divorcio, pero sí te digo algo, el Dios que conocí cambia tu parentela entera por causa de Él. No puedes seguir como estás, tienes hijos y ellos emularán lo mismo". Me dijo: "Sí, mi hijo mayor es muy enamorado, tiene varias novias". Le dije: "Detén esto ya, modélales algo distinto urgente antes que pase a la próxima generación". Cerré diciéndole: "No le digas que hacer, que te vean a ti haciéndolo. Por último, nadie cambia si no le permite a Dios ser cambiado. No eres la que rescata a tu esposo. Eres la mujer sabía, con él o sin él. Hoy hemos enterrado muchas mujeres que fueron tan buenas soportando maltrato, que terminaron muertas. Rompe ese molde y enséñale a tus hijos lo que en verdad Dios quiere para ellos y para ti".

"Todo lo que un espíritu contrario al Espíritu de Dios te dé, vendrá de regreso a buscarlo".

"¡Te alabo porque soy una creación admirable! ¡Tus obras son maravillosas, y esto lo sé muy bien!", Salmo 139:14.

"Porque somos hechura de Dios, creados en Cristo Jesús para buenas obras, las cuales Dios dispuso de antemano a fin de que las pongamos en práctica", Efesios 2:10.

NOTAS

Capítulo 5

Padres sanos, hijos flecha

"Como flechas en las manos del guerrero son los hijos de la juventud", Salmo 127:4.

El siguiente relato es un testimonio verídico. Papá siempre me gritaba improperios, me insultaba si estaba tarde y me dejaba en la escuela con los nervios alterados. Todas las mañanas era lo mismo, me sentía como una basura, no había un día que reconociera algo bueno en mí y siempre buscaba con quien compararme. Todo lo que hacía, para él era un desastre, así que crecí siendo muy inseguro. Al llegar al matrimonio comencé a hacer lo mismo con mis hijos, los dejaba gritándoles y a veces sin haber desayunado bien, les daba dinero para que comieran lo que quisieran en la escuela. No me estaba percatando de que estaba recreando mi niñez en ellos. No obstante, ocurrió un accidente que cambió todo.

Un día me llamaron de la escuela a la que mi hijo asistía, para decirme que se había caído, y como consecuencia se había golpeado su mandíbula. Al pedirle a mi hijo mi número telefónico para corroborar que fuera el mismo que ellos tenían en su expediente escolar, mi hijo rogó que no me llamaran alegando que sería peor para él. Una maestra cercana a nosotros lo escuchó y al llegar a la escuela me reunió aparte luego de atender a mi hijo. Recuerdo que me dijo: "Sé quién eres, no eres un mal padre, pero tu hijo te teme. ¿Qué está sucediendo? ¿Por qué no quería que te llamáramos? Le dolía más que vinieras que el golpe que se había dado. ¿Por qué? Se supone que eres su seguridad". En ese momento me quedé atónito y desde ese día entendí lo que estaba viviendo mi hijo, al yo no sanar las heridas que cargaba. Estaba criando un monstruo que le temería a todo y estaría aparte de la sociedad, como lo estuve yo.

Comencé a buscar de Dios y ayuda profesional. Al inicio fue muy difícil, tuve que trabajar con el perdón y con perdonarme, y eso a veces cuesta. Una de las recomendaciones que me dio el pastor y psicólogo que me ayudaba, fue visitar a mis abuelos y solo sentarme a escucharlos. Luego debía visitar a mis padres y según como me sintiera ese día, si tenía el valor, perdonar a mi padre; usted dirá, ¿el valor para perdonar? Déjeme decirle que "para perdonar se necesita valor". En ese momento pensé: este médico está loco. Eso es imposible, ¿qué haré en la casa solo sentado observando? Pero la verdad era que no quería herir más a mi hijo. Era duro para mí a mis 45 años entrar en esta etapa, pero si deseaba que mis hijos fueran plenos tendría que seguir instrucciones y ejecutar la instrucción.

Así que no me hice esperar más y visité a mis abuelos, no como antes, que llegaba con el celular en la mano, distraído, veía televisión y luego de comer me iba. Esta vez me senté y observé cada uno de los detalles y gestos. Para mi sorpresa fue muy triste, pero a la vez muy edificante, y le diré por qué. Al ver a mi abuelo gritarle a mi abuela, porque no caminaba rápido con el café y porque no lo escuchaba, entendí todo. Él se alteraba por todo y mi pobre abuela toda sumisa le decía:

"Ya voy dame unos minutos". Me parecía escuchar a mi madre contestándole a mi papá. Abuelo deseaba el control del televisor "ahora", sin embargo, ella estaba a más de 20 pies de él y él a 3 pies del televisor. ¿Pueden creerlo? Era insólito. Pero yo le hacía lo mismo a mi esposa. ¡Qué crueldad! Me sentí tan miserable. El abuelo quería el café "ahora", en la temperatura que a él le gusta y abuela debía discernir, ni más, ni menos.

Mi corazón se quebrantó, pues allí entendí de dónde mi padre emuló lo mismo, lo repitió conmigo y yo con mis hijos. Ese día hablé con mis abuelos, estaban perplejos y no entendían, pero mi perdón y explicación cambió la mirada de mi abuelo hacia mi abuela. Me dirigí a casa de mis padres y hablé con ellos, los perdoné y me perdoné a mi mismo. Le expliqué sus fallas no desde su error, sino desde el punto que le enseñaron y el daño que esto estaba provocando a sus nietos. Ellos fueron sanos por medio de mi intervención y hoy gozamos de salud emocional y plena en Jesús.

-Hijo de un pastor, San Lorenzo, P.R.

Amado lector, está historia es muy común en la mayoría de los casos. Padres abusados que abusan de sus hijos. Hijos asesinos porque su modelo fue un padre que golpeaba a su madre y para ellos era común ya que mamá lo toleró. Así que iniciaron golpeando y rompiendo sus muñecos, "castigando" duramente sus juguetes y nadie se percató de la alarma. Hoy tenemos lugares llenos de confinados porque nadie sanó al padre para que los hijos y los nietos fueran saludables. Es más fácil encerrar y juzgar, que sanar para libertar. Lo peor es que no nos percatamos de quién está detrás de todo esto, por supuesto no es Dios.

"El ladrón no viene sino para hurtar y matar y destruir; yo he venido para que tengan vida, y para que la tengan en abundancia", Juan 10:10.

El verdadero enemigo Satanás. Pero no lo vemos así, rápido juzgamos y decimos que Dios haga justicia, hasta que nos toque a nosotros esa vara, ahí todo cambia. Padres heridos tendrán hijos muy lastimados, por ende, no podremos tener una sociedad sana. Un padre que golpea normalmente tiene hijos que golpean, no es que deseen hacerlo, es que fue su modelaje. Siempre hay un índice de hijos que no repiten el patrón, lamentablemente es la minoría, pero si existen. Tenemos hijas que sus madres se dedicaron a la prostitución y sus hijas hoy luchan con tener una vida decente. Hijas cuyas madres sólo tuvieron un esposo, y ellas llevan varios matrimonios. Por ende, no es la norma que un mal padre tenga un mal hijo, pero hay una alta probabilidad de que así sea. El molde que forma la pieza, está en la casa, no podemos culpar a un hijo de ser un alcohólico cuando vio a papá tomar todos los fines de semana. Esto para el padre era social, no obstante, en el momento difícil de ese hijo buscará ahogar las penas con lo social y se convertirá en lo cotidiano.

"El molde que forma la pieza está en la casa".

En Puerto Rico conocí un hombre que me inspiró mucho, vivía en un residencial público y el gobierno sostenía su familia y su hogar, sin embargo, él se dedicó a estudiar y su hermano a vender marihuana. Los dos vivían en el mismo hogar, con las mismas necesidades y oportunidades, pero el tomó la mejor decisión. Estudió leyes y hoy es un gran abogado. Su hermano no siguió sus pasos.

Un día le pregunté: "¿Amigo como pudiste vencer eso y tu hermano no?" Me Contestó: "Rita, el se conformó con ser como mi papá; el herido, la oveja negra y el de la mala vida, yo, en cambio, tomé la decisión de ser distinto para mis hijos. Pensé en mis hijos y en tener una vida plena. Tomar la decisión de romper ese patrón me costó, se burlaban de mí en las fiestas, decían llegó el fino de la familia. Yo callaba, pues era duro, eran las personas que amaba, pero cada vez que decidas hacer lo correcto, los incorrectos vendrán a distraerte. Aunque lleven tu sangre, debes seguir.

Así que me gradué, logré mi grado en leyes y hoy soy quien ayuda a mi hermano en un tratamiento de metadona para ver si abandona las drogas. ¿Sabes qué era lo más que pensaba para no abortar mis sueños amiga?" Le pregunté: "¿En qué?" "Pensaba en mis hijos porque deseaba tener muchos ya que, aunque no lo creas, papá no me daba dinero a mí para estudiar, pero sí le daba a mi hermano para la marihuana, entre otras cosas. Yo iba en el autobús público a la universidad, sin embargo, mi hermano se paseaba en el camión de mi papá por todo el residencial enamorando jóvenes. No obstante, yo pensaba que quería tener hijos buenos, me esforcé y lo logré".

Este abogado es uno muy conocido en la isla de Puerto Rico, este ganó un caso donde habían culpado a alguien inocente y hoy es un ejemplo para seguir. Estoy agradecida de haberle conocido y poder contar parte de su historia en este libro.

La Biblia es muy clara en la forma en que debemos conducirnos con nuestros hijos. Una de las palabras que más hemos tratado como padres de mantener en nuestro hogar es la que se menciona en Colosenses: "No, exasperar a nuestros hijos". ¿Qué significa esto? Según el Diccionario Español, la palabra exasperar es: "Lastimar, irritar, enfurecer, dar motivo de enojo grande a alguien, irritar una parte dolorida o delicada".

"Padres, no exasperéis a vuestros hijos, para que no se desalienten", Colosenses 3:21.

El que sean nuestros hijos, no nos da derecho a destruirlos por nuestras heridas. Debemos ser responsables en sanar, si papá no te dijo que te amaba, tu hijo no debe pagar por eso. Si mamá no te abrazaba, tus hijos no deben pagar por eso. Si jamás jugaste o fuiste de vacaciones, tus hijos no deben repetir eso. Eres un molde en las manos de Dios puedes cambiarlo todo. Un padre sano tiene una gran flecha en la mano que llegará más allá de donde él pudo llegar.

"El que sean nuestros hijos, no nos da derecho a destruirlos por nuestras heridas".

Te invito a que escribas la fecha de la próxima reunión que debes tener para tu sanidad con tus padres o tus hijos. Si ya no están con vida, escríbeles una carta y expresa todo, rómpela al desahogarte y luego inicia una nueva vida sana en ti y en Jesús, amén.

NOTAS

Capítulo 6

Me volví a casar, ¿qué hago con mis hijos?

"Los hijos son un regalo del Señor; los frutos del vientre son nuestra recompensa", Salmo 127:3.

El tema del matrimonio es uno donde existen muchos dogmas y teorías dentro de las diferentes iglesias y denominaciones. Este se vuelve aún más complicado si alguno de los contrayentes tiene hijos previos al matrimonio, solo porque en ocasiones no se toman en cuenta las sagradas escrituras. Para algunas denominaciones es inconcebible que un hombre o una mujer vuelva a casarse luego de un divorcio. Así que, utilizan textos fuera de fundamentos para defender su postura, sin embargo, Dios nos dejó muy claro esto en su palabra. Antes de entrar al macro de este capítulo deseo dejar establecido por la Biblia lo que Dios dice acerca del divorcio y de las segundas oportunidades.

En el libro de Mateo 19:8, Jesús le replica a los fariseos. "Por la dureza de vuestro corazón, Moisés os permitió divorciaros de vuestras mujeres; pero no ha sido así desde el principio".

El deseo de Dios siempre ha sido restaurar y reconstruir, sin embargo, cuando el corazón está endurecido, no entiende de razón. Dios no desea el divorcio, es muy doloroso, las secuelas que este proceso deja tardan años en sanar, pero él tampoco desea que no vuelvas a tener una nueva oportunidad. Él es el Dios de las oportunidades, un error no es una sentencia, es una experiencia. Dios mismo nos dio carta de divorcio, pero nos volvió a comprometer por medio de Jesús.

Leamos:

"Y vio que a causa de todos los adulterios de la infiel Israel, yo la había despedido, dándole carta de divorcio; con todo, su pérfida hermana Judá no tuvo temor, sino que ella también fue y se hizo ramera", Jeremías 3:8. Dios se hartó de las fallas de su pueblo Israel y de sus constantes infidelidades con otros dioses. Por esta razón, dio carta de divorcio y se alejó de su pueblo, pero luego de eso nos restauró y nos comprometió con el novio Jesús, dándonos una segunda oportunidad.

"Un error no es una sentencia, es una experiencia".

"Y el Espíritu y la esposa dicen: Ven. Y el que oye, diga: Ven. Y el que tiene sed, venga; y el que desea, que tome gratuitamente del agua de la vida", Apocalipsis 22:17.

"Porque celoso estoy de vosotros con celo de Dios; pues os desposé a un esposo para presentaros como virgen pura para Cristo", 2 Corintios 11:2.

Ahora bien, una pareja que se divorció y como fruto del matrimonio procreó hijos, ¿tiene derecho a casarse nuevamente? Jesús citó en Mateo 5:31-32, lo que el Padre estableció en el libro de Deuteronomio 4:21, que si el hombre repudia a su mujer la hace libre.

"Cualquiera que repudie a su mujer, que le de carta de divorcio. Pero yo os digo que todo el que se divorcia de su mujer, a no ser por causa de infidelidad, la hace cometer adulterio; y cualquiera que se casa con una mujer divorciada, comete adulterio", Mateo 5:31-32.

¿Qué es la infidelidad? Es el acto de deshonrar en todos los sentidos, no solo en la actividad sexual. Usted puede ser infiel desde la mente, por lo tanto, si nos dejamos llevar por el texto, también podría recibir carta de divorcio. Leamos lo que dice Mateo 5:28 LBLA:

"Pero yo os digo que todo el que mire a una mujer para codiciarla ya cometió adulterio con ella en su corazón".

Entonces, es importante estar claros en este punto para poder restablecer una vida sana para nuestros hijos luego de un divorcio. Y, sobre todo, saber qué hacer cuando entra otra persona al núcleo familiar.

Dejando claro que no hay razón para negarse a una segunda oportunidad, debemos entender algo muy esencial ¿cuál es el rol de mis hijos y de esta nueva compañía que estará en nuestro hogar? Este es el tema donde quiero iniciar porque sé que sacudirá un poco a algunos lectores, pero será de bendición y fortaleza.

Un hogar estable es aquel que conoce la importancia de cada cual en el nido. Los hijos estaban antes de la nueva persona llegar, por ende, no se alteran sus rutinas. Mas bien, la persona que llega se tiene que integrar hasta ganarse la confianza de ellos. Estamos llamados a darle seguridad a nuestros hijos, no temor. Quien entra, debe entender los parámetros del hogar y no imponerse, sino aportar ideas a beneficio de todos. Para lograr un balance, deben planificarse días para compartir con los hijos y días para compartir con la pareja. El que llega no puede acaparar el tiempo que nuestros hijos tenían disponible. Otra cosa muy importante es que la educación está a cargo del padre y la madre, una segunda persona puede aportar a la crianza sin violentar los derechos paternales. Si hay algo que me he encontrado en consejería es a padrastros prohibiéndole a sus esposas que sus hijos vean a sus padres biólogos. Esto es terrible, quienes resultan más afectados son los hijos. Bajo ninguna circunstancia, un hombre o mujer debe permitirle a su nueva pareja que le prohíba la relación paterno filial a sus hijos, por ningún motivo.

"Estamos llamados a darle seguridad a nuestros hijos, no temor".

Cuando una persona entra en la vida de nuestros hijos o en nuestro hogar, no puede llegar a restringir, mas bien, debe ser un portador de libertad y amor. De lo contrario, será una debacle segura en el hogar.

A continuación, una de las historias que atendí en consejería. Este caballero tenía dos hijas que convivían dos fines de semana al mes con él. No obstante, se casó y llevó a su hogar a la nueva esposa, esta sabía que él tenía dos hijas, pero venía con agenda clara de estar a solas con su esposo. Todos los fines de semana antes de que él se casara eran hermosos y llenos de alegría y armonía con sus hijas. Al llegar ella, la nueva esposa, todo cambió, pues la dama buscaba toda la atención. Constantemente ponía al padre en discordia con sus hijas y las culpaba de no sentirse atendida y respetada. Las hijas solo deseaban estar con su papá, pues eran solo dos fines de semana los que podían compartir con él. No obstante, el padre comenzó a escuchar a su pareja y con frases, tales como: "No quieren que sea feliz", "Mejor no vuelvan, pues mi esposa no se siente amada" o "Ustedes acaparan todo el tiempo que tengo para ella", maltrataba emocionalmente a sus hijas causando daños emocionales en ellas.

Luego de algún tiempo, las niñas dejaron de ver a su papá y muy heridas iniciaron una vida no agradable consumiendo alcohol y otras sustancias. La mamá, totalmente destruida, trataba de remediar la situación con el padre, pero era peor porque la acusaban de celos y rivalidades. Al cabo de dos años, la nueva esposa inició una relación extra-marital con un hombre soltero de su trabajo. A causa de la infidelidad de su esposa, el papá quedó muy destrozado e intentó tratar de recuperar a sus hijas, no obstante, estaban muy lastimadas y fue entonces cuando se percató del grave error que cometió al no saber manejar en su nuevo matrimonio el tiempo de sus hijas. Él volvió a la soltería, sin embargo, vive en un profundo dolor, pues hoy en día no ha podido restaurar la relación con sus hijas. Esta y muchas más son las historias que se viven en muchos hogares por no saber tener límites y conocer en nuestra vida el lugar de nosotros y el de nuestros hijos.

Amado lector, deseo que entienda que en la Biblia tenemos esta misma historia, pero según mi criterio, con un final no muy justo. Veamos el relato bíblico:

"Saraí no podía darle hijos a su esposo Abram, pero tenía una esclava egipcia que se llamaba Agar. Entonces le dijo a Abram: —Mira, el Señor no me ha permitido tener hijos, pero te ruego que te unas a mi esclava Agar, pues tal vez tendré hijos por medio de ella. Abram aceptó lo que Saraí le dijo, y entonces ella tomó a Agar la egipcia y se la dio como mujer a

Abram, cuando ya hacía diez años que estaban viviendo en Canaán. Abram se unió a Agar, la cual quedó embarazada; pero cuando se dio cuenta de su estado comenzó a mirar a su señora con desprecio. Entonces Saraí le dijo a Abram: —¡Tú tienes la culpa de que Agar me desprecie! Yo misma te la di por mujer, y ahora que va a tener un hijo se cree más que yo. Que el Señor diga quién tiene la culpa, si tú o yo. Y Abram le contestó: —Mira, tu esclava está en tus manos; haz con ella lo que mejor te parezca", Génesis 16-18 DHH.

"Cuando nuestras emociones nos controlan el juicio, lo que creíamos justo se convierte en un error".

Cuando leemos más adelante, Saraí no quería al hijo de Agar, no obstante, ¿quién metió en la carpa de Abraham a esta mujer? ¿Quién la envío a tener hijos? Luego de esta acción el desprecio hacia su hijo y hacia ella fue muy fuerte. Se podía poner límites, claro, y tal vez usted dirá que era el propósito de Dios. No obstante, aclaro que Dios permitió lo qué pasó, pero el había hablado de que le daría un hijo a Sara y Abram, no dos, y mucho menos con otra mujer.

El propósito de Dios no es que las personas sean maltratadas. Por esto el ángel de Dios, "Jesús", interviene con Agar, pues no quería que ella estuviera como nómada, embarazada por tierras desérticas. Cuando nuestras emociones nos controlan el juicio, lo que creíamos justo se convierte en un error. Saraí, por no esperar a la promesa de Dios, dejó que su temor a no ser madre y sus incorrectas emociones la dominaran creando un caos que hasta el día de hoy existe entre dos naciones.

Podemos rehacer nuestra vida, por supuesto, pero sin arruinar la de nuestros seres queridos. Aquel que llegue a nuestra vida es a florecerla no a marchitarla. Si no sabes colocar cada cosa donde va, no muevas ninguna y permanece esperando el tiempo perfecto de Dios, para que luego no lamentes perder todo por no saber valorar nada.

Dios desea que seas pleno en Él junto a los que te rodean. Dios desea un entorno lleno de Su paz y guianza. Sé bendecido en Dios y que prosperes en todo, como también prospera tu alma.

"Amado, yo deseo que tú seas prosperado en todas las cosas, y que tengas salud, así como prospera tu alma", 3 Juan 1:2.

NOTAS

Capítulo 7

Ellos no se divorciaron, fuiste tú

"El que engendra un necio, para su tristeza lo engendra, y el padre del necio no tiene alegría", Proverbios 17:21.

En este texto, el proverbista nos pone al límite. Él hace responsable al padre que no forma en rectitud, tanto como al que engendra y acciona sin cordura. Hoy en día, se presenta una debacle en los hogares al momento de lidiar con las relaciones entre padres e hijos luego de un divorcio. El comportamiento de los padres luego del evento es una de las crisis más agudas que como pastora he tenido que trabajar al momento de consejería. Y es que, en muchas ocasiones las madres no desean que sus hijos se relacionen con sus padres, algo totalmente ilógico e inmaduro. Es claro que si el padre no custodio pone en peligro al menor debemos ser precavidos, pero este no es el caso en la mayoría de los hogares.

Deseo abundar en este tema, pues sé que será de gran ayuda a nuestros lectores. Tenemos padres que, teniendo plena facultad de compartir con sus hijos, se ven imposibilitados por el padre custodio quien le impide verlos. No obstante, el daño no es hacia al adulto, sino hacia el menor, pues es este quien se afecta con el abandono y el rechazo sentido. Los hijos llegarán a una edad en donde ya no se les podrá engañar, controlar, ni decirle lo que tienen que hablar, por lo tanto, serán ellos mismos los que vean la verdad de quién en realidad es cada padre. No importa cuánto sean manipulados la verdad siempre saldrá a la luz, siempre sale la verdad a la luz.

"Porque nada hay oculto, que no haya de ser manifestado; ni escondido, que no haya de ser conocido, y de salir a luz", Lucas 8:17.

Para que pueda entender este capítulo, deseo que recorra conmigo la historia real de Nereida y Benjamín. Ambos venían de una relación pasada en la cual fracasaron. Así que, al inicio de su relación todo era medio dudoso, ninguno quería salir herido y ambos tenían hijos de sus pasadas relaciones. Sin embargo, decidieron darse una oportunidad seria y comprometida, que hiciera funcionar sus corazones y uniera sus hijos a un hogar estable. Nereida y Benjamín estaban extraordinariamente bien y su relación era seria, estable y de Dios. Por ende, los frutos iniciaron una buena transformación. Benjamín, por su parte, no veía a su niño por más de ocho meses porque su exesposa lo castigaba impidiéndole verlo, incluso los fines de semanas que estaban estipuladas las relaciones paterno filiales o algún día especial en el que quisieran compartir.

En una ocasión, por medio de una llamada telefónica, Benjamín le pidió a su exesposa que le permitiera ver a su hijo, pues tanto al niño como a él les haría bien. Ella por su parte accedió, pero solo por teléfono y no más de tres minutos. Más adelante, aceptó que compartieran un sábado medio día, Benjamín estaba feliz. Su actual esposa promovía la unidad familiar, así que todo estaba saliendo de maravillas. Benjamín muy emocionado se arregló, compró un juguete y dulces para buscar a su hijo. Por otro lado, lavó su carro, se arregló y se dirigió al lugar de encuentro junto a su actual esposa. No obstante, ella se quedó en el carro para evitar cualquier tipo de confrontación con la exesposa, la cual también estaba nuevamente casada. Al llegar a la casa a buscar a su niño le recibió su exesposa, esta comenzó a darle instrucciones de como debía cuidar a su niño haciendo el momento bastante incómodo. Al terminar de darle todas las instrucciones, le entregó al niño con un bulto y Benjamín muy contento se dirigió hacia su carro. Su exesposa lo siguió y al percatarse de que su actual esposa estaba en el carro le arrebató el niño y se lo llevó, esto en plena calle en medio de gritos donde le decía: "Yo a esa no la conozco, no me importa quien sea, mi hijo no se monta con esa en tu carro". Les recuerdo que ella estaba casada y que jamás Benjamín le reprochó por el "extraño" que también pernoctaba con su hijo. El niño entre lágrimas llamaba a su papá y Benjamín entre llanto se alejó de la casa. La esposa muy apenada le dijo: "Si deseas déjame en la avenida y vuelve a ver si te entrega el niño", no obstante, Benjamín le dijo: "No, eres mi esposa, no eres cualquiera. Algún día mi hijo mismo decidirá estar conmigo".

Los años siguieron pasando, Nereida con mucho cariño compraba regalos para el niño y los enviaba con su papá, sin embargo, la mamá del niño los botaba y le hablaba mal de ella a su niño sin conocerla, creando prejuicio en el niño con su papá y con la actual pareja. Cada año era más difícil para Benjamín, pero al pasar los años la madre del niño quedó embarazada de su esposo, así que en ese momento el niño era más carga que bendición. Fue entonces, que decidió permitirle a Benjamín que se relacionara con el niño para ella poder hacerse cargo de su nueva criatura. Benjamín inició ganando el tiempo perdido con su hijo, lo llevaba a la iglesia y lo llenó de amor. Al cabo del tiempo, el niño le dijo a su mamá: "No deseo regresar contigo, quiero estar con mi papá". Esto inició nuevamente la tormenta, la mujer enfurecida por las palabras del niño arremetió en contra de Benjamín, él no tenía culpa de lo que el niño indicaba, solo deseaba estar con su hijo y jamás le dijo al niño que viviera con él. No obstante, el niño fue insistente y aun en la escuela donde estudiaba manifestaba que quería estar con su padre. Esto provocó que legalmente le asignaran a Benjamín la custodia compartida. Todo el sufrimiento por su hijo, Dios lo transformó en gozo.

"El deseo de Dios no es la separación, Él insiste en enseñarnos que creó el matrimonio para que perdure para siempre".

Cuando una pareja se divorcia no se divorcia de los hijos. A menos que la ley exija que haya alguna separación porque exista la posibilidad de que los hijos sufran daño o trastorno con algunos de los padres, no tenemos el derecho moral de alejarlos de sus padres o parientes. Los padres son responsables de procurar la salud emocional de sus hijos y hacer todo lo posible para mantener relaciones sanas, pues al final los perjudicados serán ellos. ¿Qué razón tenía aquella mujer para romper los regalos que eran enviados para su hijo? ¿Qué sentido tenía? Solo alguien muy inmaduro haría eso. Alguien que no cuidara de las emociones y el corazón de su hijo. La decisión de un divorcio debe ser siempre luego de buscar ayuda y tomarse luego de un diálogo con madurez. Jamás digo que es una decisión cómoda, un divorcio es una pérdida crasa y un dolor, en muchas ocasiones, insuperable. El deseo de Dios no es la separación, Él insiste en enseñarnos que creó el matrimonio para que perdure para siempre, sin embargo, en ocasiones donde la vida esté en peligro o haya maltrato se debe actuar de inmediato.

He conocido muchos casos en donde los hijos tienen grandes lagunas emocionales por el divorcio. El dolor que experimentan es muy fuerte pues ellos sienten que pierden a uno de sus padres, aunque no sea así, y aunque no lo verbalicen. He tenido la bendición de ayudar a jóvenes a superar esto que ellos ven como "luto" y luego explicarle a los padres cómo manejar este proceso tan amargo que todos deben superar de la mejor forma, por el bien de sus hijos. En ocasiones, esto puede causarles un daño irremediable, ocasionando que estos entren en las drogas o incluso se casen para salir del hogar.

"Cuando usamos nuestros hijos para tratar de castigar a los adultos, matamos en ellos la estima y los convertimos en objetos de nuestras guerras emocionales".

Si los padres entendieran que el divorcio es separación de adultos y no de los hijos, existirían más matrimonios reconciliados. Sin embargo, el dolor los ciega y los vuelve enemigos, esto solo provoca daños en lo que con amor fue concebido, los hijos. Por otra parte, crea una guerra tonta entre dos adultos que en la mayoría de los casos se aman, pero el orgullo y el dolor los hace tomar decisiones, muchas veces a la ligera, sin dar tiempo a sanar ofensas y heridas. Cuando usamos nuestros hijos para tratar de castigar a los adultos, matamos en ellos la estima y los convertimos en objetos de nuestras guerras emocionales. Lo más crítico es que al crecer, los niños terminan perdiendo el respeto y la confianza en sus padres. Se vuelven jóvenes fríos, desconfiados, no desean llegar al matrimonio y peor aún, muchos de ellos no desean tener hijos ya que el núcleo que vivieron los lleva a tener temor de formar un hogar.

En muchas ocasiones escuchamos frases como estas: "Yo me caso y si las cosas salen mal me divorcio" "Yo me caso con capitulaciones" lo mío es mío, "Yo no tengo hijos hasta que vea cómo me va", "Mi cuenta de banco es mía y la de ella, de ella", "Yo compro mi casa antes de casarme porque no dividiré mis bienes". La mayoría de los adultos que se expresan así, vienen de hogares tormentosos, algunos en su niñez pasaron por tribunales y litigios de custodia por parte de sus padres y al llegar a la adultez llegan al matrimonio marcados y con malas actitudes.

Necesitamos volver a levantar nuestra generación, trabajar a favor de lo que dejaremos será el camino a nuestro legado. Saber distanciarse, sin dejar de amar es madurez, mantener el amor limpio entre los hijos es resultado de un juramento en el altar. Hasta que la muerte nos separe es amar aun sin volverse a tocar, pero tocando sanamente el corazón de nuestros hijos. Nunca es tarde, para rehacer y perdonar. Amén.

NOTAS

Capítulo 8

¿La manutención de los hijos, es de todos?

"Los que quieren enriquecerse caen en la tentación y se vuelven esclavos de sus muchos deseos. Estos afanes insensatos y dañinos hunden a la gente en la ruina y en la destrucción", 1 Timoteo 6:9.

La manutención de los hijos es un tema complejo. Cuando ocurre una separación, los hijos tienen derechos que no deben ser negociados por nada ni por nadie, cada niño merece tener manutención, incluso aquellos que ya no son tan niños y son universitarios. La verdad es que los tribunales están llenos de estos casos de familia. Las pensiones alimenticias son el debate de todos los días, logrando en ocasiones, que los padres se peleen la custodia de los hijos con tal de no enviar dinero a la otra parte quien tiene la custodia del menor. Esto a causa de varias vertientes mal informadas en los padres. No obstante, todavía tengo fe en que algún momento se le exija a los padres antes de divorciarse, a tomar talleres que le capaciten a lidiar con estas situaciones, para no terminar peleando por esto en los tribunales.

En este tema existen muchas variantes. Tenemos hombres que no quieren sostener a sus hijos porque creen que ese dinero es para la madre del menor. Por otro lado, hay mujeres que abusan y someten a los padres de sus hijos a pasar pensiones exorbitante y también podemos ver a hombres custodios que no reciben la manutención debida y por ser varones no se les trata con el mismo derecho que a las mujeres, lo cual es muy injusto. El problema más grande es que terminamos rifando a los hijos por este mal proceder. Lo primero que debemos entender es que como padres le daremos cuentas a Dios de todo referente a nuestros hijos. La manutención de los hijos es un derecho que no se puede negociar y que no debe ser utilizado para el mal gasto y placeres de los adultos, sino para que el menor esté seguro y no le falte nada. Al final de todo es para el bien de los hijos los cuales siempre están más atentos de lo que los padres suponen.

El matrimonio de los Cruz fue un matrimonio donde hubo maltrato físico y emocional. Al separarse, la custodia de la niña le fue otorgada a la madre y la niña jamás se relacionó con su padre, pues la madre decidió castigar al padre negándole este derecho. Pasaron los años y la niña creció, al llegar a la adultez se gradúo y consiguió un buen trabajo, el que para su sorpresa era muy similar al que su padre se dedicaba. Ella creció con la idea de que su padre no la amaba, pensando que la había abandonado y que nunca le había dado nada, ni siquiera su manutención. Al pasar el tiempo se reencontró con su papá, ya era adulta y nada lo podía impedir, rápidamente comenzaron los reproches y sus preguntas llenas de dolor. Su padre muy preocupado le dijo: "Me duele que te enteres de la verdad de esta forma, pues no es justo para ti ni para mí. Pero de la única forma en que sanarás y me perdonarás será hablándote con pruebas. De esta forma, concertaron una cita de encuentro, lamentablemente una semana después el papá murió de un infarto cardiaco fulminante. No obstante, antes de su partida el padre le había entregado toda la evidencia que tenía a su actual esposa y esta cumplió el deseo de su esposo de entregarle todo a su hija.

El caos y dolor que vivió esta joven adulta fue uno por el que aún sigue buscando ayuda profesional para trabajar con el resentimiento hacia su madre. Primero, su madre le había dicho que su padre jamás pasó manutención, que jamás la llamó, que la abandonó y que nunca la buscó. Para sorpresa de ambas el padre había guardado todos los recibos de manutención, la cual había pagado al día y con amor. Guardó los recibos de teléfono donde llamaba y jamás le contestaban, muchas veces hasta 10 veces al día. Guardó todos los regalos de navidad que enviaba y le devolvían en su empaque original por 25 años rogando poder verla algún día. Sin embargo, cuando por fin la encontró, le falló el corazón. La joven al enterarse de todo confrontó a su madre, esta solo le dijo: "Perdóname era una inmadura, lo siento". Su comportamiento alejó a su hija del padre y ocasionó que hoy en día perdiera su relación con ella. Por años disfrutó de un derecho que su hija ignoró, por ende, la perjudicada fue la joven.

No creo ni promuevo que los menores manejen su manutención, ni que se le dé el derecho de exigir la misma, ya que si tiene un techo seguro es porque tenemos un buen padre o madre custodio administrando bien. No obstante, sí creo que debemos ser consientes de que la manutención no es para todos, es para nuestros hijos, para con ella poder sostener un buen lugar donde ellos puedan vivir cómodos. Por ningún motivo se debe poner a los hijos en contra de sus padres, ni esconder los derechos que reciben de ellos. Me he topado con padres custodios que visten muy bien, pero sus hijos no tienen ropa o tienen la misma por meses. Ellos muy elegantes y los niños muy mal administrados. Dios nos pide ser justos con nuestros hijos.

"Padres, no exasperéis a vuestros hijos, para que no se desalienten", Colosenses 3:21.

Así como Dios nos pide que seamos honrados, también nos exige ser justos con nuestros hijos. Porque esto es prudente delante de nuestro Dios. La manutención no es para que la mujer se realice la manicura ni para que el hombre compre lo que le falta en el carro. No es para los sueños y deseos de los adultos o para lucrarse de la otra parte no custodia sea hombre o mujer. Es importante saber que todo lo que se siembra, se cosecha. Que nuestros hijos siempre se enterarán de la verdad, aunque sea por otras voces. Lo mejor que podemos hacer es jamás, pero jamás hablarles mal a nuestros hijos de sus padres y nunca negarle que se acerquen a ellos, que los llamen o que los visiten. Porque al crecer alguna voz será el eco de ese supuesto padre o madre ausente. No importa el pasado o las acciones, no debemos dañar el corazón de nuestros hijos, porque estaremos dañando toda una generación. Recuerde que ellos se convertirán en padres y si nadie sana esa grieta se caerá el castillo venidero. ¡Qué el dolor de los padres, no sangre sobre los hijos!

NOTAS

Capítulo 9

Las consecuencias de criar los hijos sin la figura paterna

"Y creó Dios al hombre a su imagen, a imagen de Dios lo creó; varón y hembra los creó", Génesis 1:27.

Esta línea sencilla, pero utilizada por cientos de predicadores, nos arroja luz para entender que el núcleo, el ministerio y la institución más fuerte, es la familia unida. Al inicio de la creación Dios no estableció pastores, apóstoles, profetas, maestros o evangelistas, Él contaba con la familia. Esto era exactamente lo que Él deseaba establecer. Así que, imagínese la problemática tan crasa que se da cuando el infierno logra dividir esta entidad establecida por Dios.

Los estudios revelan que el 60% de los hijos que se crían sin ambos padres son inestables, inseguros, no llegan a la universidad, optan por carreras cortas, tienen vida sexual ilícita, caen en el uso de sustancias controladas y sobre todo, no tienen matrimonios saludables. Antes de un padre o madre tomar la decisión de abandonar el hogar, debe tomar en cuenta las repercusiones que tendrá esta decisión. Jamás el placer o el cansancio deben llevarnos a abandonar el arca, llamada familia. Siempre será más fácil dialogar y resolver, que salir sin intentar, porque el resultado de una decisión incorrecta traerá repercusiones por años.

La casa es una estructura vacía que carece de sentido si no hay un hogar. El diseño (hombre y mujer) que Dios nos entregó es muy distinto el uno del otro, pero se complementan entre si, uno es el eslabón del otro y juntos crean la armonía de la unión familiar. El hombre fue diseñado para traer seguridad, sostén, orden, y formación en el carácter. La mujer está llamada a edificar cuando se vea roto, a mantener un ambiente de paz y sabiduría. Ambos se unen a fomentar el amor en todas las expresiones son tan importantes que el mismo Padre Celestial, se nos presenta en momentos de adversidad con ambas imágenes.

"Aunque mi padre y mi madre me dejaran, con todo, Jehová me recogerá", Salmos 27:10.

Dios mismo sabe cuanto necesitamos el apoyo de ambos.

Un hogar lo hacen aquellos que viven adentro, una casa se identifica desde adentro no desde afuera. El padre es un estandarte importante en el hogar, un niño que crece sin una figura paterna, es muy fácil que adopte cualquier imagen, porque los hijos necesitan un modelo de su especie a seguir. Jesús compartió con su padrastro José y siguió sus pasos siendo carpintero.

"¿No es éste el carpintero, hijo de María, hermano de Jacobo, de José, de Judas y de Simón?, Marcos 6:3.

En el caso de las niñas, cuando el padre no está y no tienen una buena figura para escoger se sienten indefensas, normalmente estas niñas se unen a hombres de mala fama. ¿Por qué? Porque necesitan un hombre fuerte según ellas, que las haga sentir seguras. Esto lo provoca la ausencia de un padre en la niñez, de igual forma cuando es la madre quien abandona el hogar, destruye el corazón de los hijos y crea rebeldía y abandono en ellos. Esto da paso al espíritu de orfandad, este es el que jamás permite que un adulto se sienta aceptado, amado y además que pelee con el rechazo.

La madre crea la ternura y el amor propio en un hijo, sin embargo, al abandonar el hogar destruye estas áreas almáticas de los hijos. Estos crecen con un sentimiento grande de apatía y frialdad, hacen creer que no necesitan a nadie, pero la verdad es que su corazón grita por ese abandono.

Cuando comencé en la iglesia conocí a una joven hermosa, tenía el aspecto de una muñeca, sin embargo, competía con todos. Ella era fuerte y trataba a los demás con rudeza y constantemente decía: "A mí nadie me va a lastimar, yo no necesito de nadie y quiero que sepan que puedo sola". Aunque tratábamos de amarla no se dejaba, era demasiado su auto defensa. No importaba cuanto le dijéramos que ella era especial y que tenía mucho para dar, siempre decía: "Claro que no, hay por favor".

Una noche en un retiro de jóvenes llegó un predicador invitado que Dios utilizó para cambiarnos la vida a todos, en especial a ella. Aquella joven estaba sentada con la mirada perdida y los brazos cruzados. Sus piernas constantemente se movían en señal de molestia, y frustración a la vez. Sin embargo, el predicador la interceptó (sabemos que fue el Espíritu) y comenzó a decirle: "Si supieras como te ama Dios, si supieras cuan importante eres, que no te ha dejado sola, ni aun cuando lloras a escondidas". Continuó: "El abandono de tus padres no le quitó a Dios el deseo de amarte más, lo único que hizo fue acercarte más a Él", en ese momento la joven lanzó un grito fuerte, pero tan fuerte que silenció todo el campamento. Una mujer al final gritó: "Está endemoniada, no la toquen", sin embargo, yo grité más fuerte que ella: "Dejemos de estar acusando a los que gritan, lloran o se lanzan al suelo, como endemoniados, eso es falso. Ella no está endemoniada, está profundamente herida, y la forma de soltar ese dolor es gritando.

Son muchos años aguantando el silencio del abandono y preguntándose por qué la dejaron. Como iglesia necesitamos discernimiento para saber lo que es una herida y lo que es una influencia demoniaca.

La joven ya en el suelo continuó llorando y reclamando: "No soy mala, ¿por qué me dejaron? ¿Por qué me trajeron al mundo para luego abandonarme?", En ese momento el predicador lleno del poder de Dios le dijo: "No culpes la acción de ellos, no tienes todos los detalles, solo deseo que sepas que te amaron porque había otras opciones y hoy tienes vida. Dios te llama para levantar una generación que se siente como tú, pero que tiene esperanza. Decide perdonar y perdonarte y verás lo que Dios hará". Horas después la joven se notaba diferente y sabemos que Dios reconstruyó lo que sus padres quizás no saben que causaron.

"La ausencia de los padres no la llena nadie, solo Dios".

La ausencia de los padres no la llena nadie, solo Dios. Es por esto que nuestra presencia es vital en el crecimiento de nuestros hijos para que sean saludables e hijos de bien. Recuerdo que en mi niñez mi abuelo paterno se fue del hogar, eso causó un caos en la vida de mis tíos. Yo era muy niña, pero el cambio fue rotundo. Con abuelo en la casa todos estaban en orden, nadie se atrevía a ofender a nadie, todos íbamos temprano a la cama y nadie vestía de forma indecente, pues eso era un castigo seguro. La salida de abuelo afectó mucho a todos, pero sobre todo a mis tías. Hoy en día recordamos sus reglas de autoridad, las veces que nos daba monedas y nos decía que debían durarnos el mes y cómo su presencia mantenía el respeto. Con abuelo en casa nos sentíamos seguros.

La Biblia refiere la importancia de la presencia de nuestros padres en nuestra vida, es tan importante que Dios se encarga de ser el Padre de todos. El mismo conoce que Su presencia en nuestra vida es necesaria.

"Un solo Dios y Padre de todos, que está sobre todos, por todos y en todos", Efesios 4:6.

Una generación puede ser salvada, sanada, amada y levantada por la compañía de sus padres, esto no quiere decir que todos los casos son iguales. No obstante, la presencia dc ambos padres ayuda grandemente a una formación y el crecimiento emocional pleno y lleno de paz. Antes de decidir abandonar el hogar y el matrimonio sin luchar, imagine una película en la que un niño de 6 años está solo en una gran avenida. Esa misma película es la que sucede cuando los padres abandonan los hijos. Dios siempre sostendrá al matrimonio que luche, ¡no olvide que esa es la primera institución que Él creó!

NOTAS

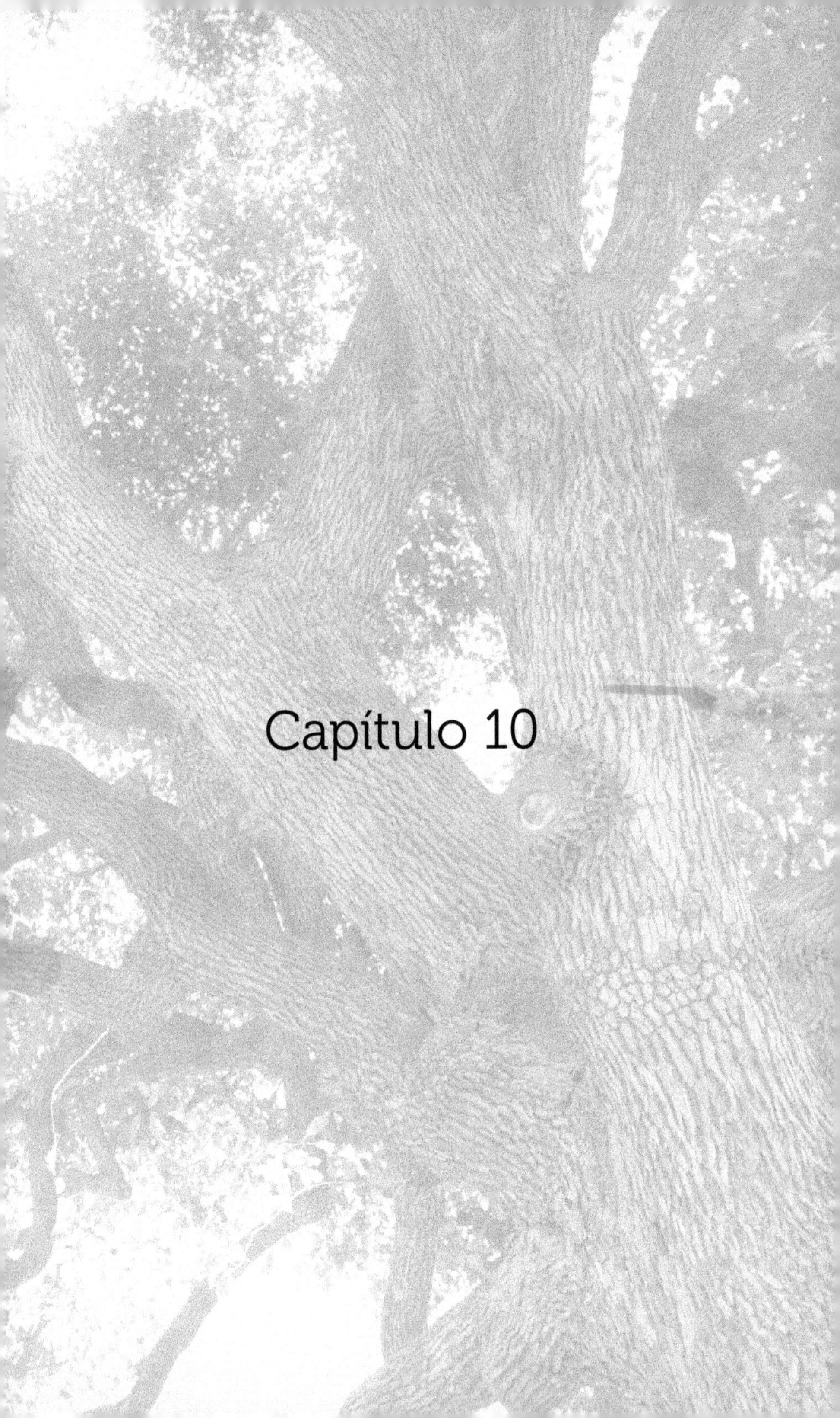

Capítulo 10

Respeta su diseño son únicos

"¿Estos son todos tus hijos?" Y este respondió: "Falta uno, que es el menor, pero él anda cuidando las ovejas". Y Samuel le dijo: "Manda a traerlo, porque sin él no podemos sentarnos a la mesa", 1 de Samuel 16:11.

Un texto demasiado revelador, pero muy pasado por alto. Es impresionante cómo Dios mismo nos enseña que todos podemos ser hijos si andamos en su voluntad, pero que todos tenemos diseños únicos. Este pasaje nos revela la historia increíble de varios hermanos, unos guerreros, otros al servicio del rey Saúl en posiciones especiales y otro que simplemente "cuidaba ovejas". Dios envió a Samuel a ungir a un nuevo rey luego de haber desechado a Saúl. Sin embargo, Samuel se encontró con una gran disyuntiva, el padre de dichos hijos con mucho orgullo le mostró los que él entendía que estaban preparados y contaban con el diseño para la asignación. No obstante, ninguno de ellos fue tomado en cuenta por Dios, mas bien aquel que él entendía que no era importante era quien realizaba la función que al Padre le agradaba, cuidaba las ovejas de su padre sirviendo con amor.

En muchas ocasiones hacemos lo mismo con nuestros hijos y sin darnos cuenta dañamos su estima y devaluamos quienes son. Como padres, queremos que se vistan y recorten como entendemos que es lo mejor y que guarden una imagen por complacernos o "hacernos quedar bien" ante el lente de los demás, esto jamás será posible, cada uno tiene su estándar y cada día nos suben la medida más alta.

Deseo contarle una experiencia que tuve con mis hijos. Al comenzar en el ministerio, me habían enseñado que aquellos que son hijos de pastores visten con camisas de botones, pantalones de vestir y deben tener una imagen modelo para otros. Así que, el primer año de ministerio la pasamos fatal. Mi familia es única, muy colorida y sobre todo aficionados de la moda, sin embargo, yo los llevé a encajar en el molde que me habían enseñado. Venía de rudimentos pentecostales, así que, por obligación impuesta, todos éramos de la "tabla".

A medida que inicié una relación con Jesús (que no es lo primero que conocen los cristianos), Él me fue rompiendo en pedazos. Uno de los textos que utilizó fue el mismo con el que iniciamos el capítulo. Mis hijos me acompañaban a cada compromiso, pero con la "cara larga", pues yo los hacía vestirse como monjes "porque ahí estaba la santidad". Acá entre nosotros, mi familia me ama, porque ni yo me vestiría como yo les hacía vestir, jajaja.

Un día el Señor me dijo: "¿Crees que soy feliz viendo a tus hijos con esa tristeza? ¿Crees que la vestimenta que le escojas me hace amarlos más que la que ellos escojan para ir feliz a mi casa adorarme?" Quedé muy confrontada, mis hijos no vestían mal en lo absoluto. Solo que deseaban ponerse un mahón con una camisa menos formal, y mis hijas deseaban un traje a la rodilla y no al tobillo como yo les formaba. Trataba de cambiar su diseño y por poco los alejo del templo de

Dios. Fui muy exigente en esto y Dios me desbarató la vida en el proceso. Un día le dije a mis hijos llorando: "Perdónenme por tratar de hacerlos ver de una forma que no son, no quiero que se alejen de Jesús por mi culpa y menos que desprecien a Dios por obligarlos a ser quienes no son". Continué: "Dios me regañó y me dijo que los ama como son y que son valorados para Él. Que ama su creatividad y su forma de ser, que Él mismo los creó así y que se parecen a Él por ser originales". Ellos comenzaron a llorar y me dijeron: "Mamá amamos a Dios, pero nos frustra ser quienes no somos, no lo dejaremos, pero nos sentimos obligados a vestirnos y peinarnos para que otros nos vean 'como cristianos' porque somos los hijos de la profeta. Tal vez otros tengan cierta vestimenta, pero su forma de hablar es peor que nuestra ropa". Ese día supe lo mucho que mis hijos estaban sufriendo.

En mi hogar la primera que recibió el llamado al ministerio fui yo, al contrario de muchos que creen que Dios nos llamó a los dos, no fue así. Somos un hermoso matrimonio, con todo tipo de tempestad, como toda relación, pero llenos de amor. Aprendimos que Dios llama a quien Él quiere, cuando Él quiere. Llamó a Abraham, no a su esposa, ella solo lo acompañaba. Llamó a Moisés, no a su esposa. Llamó a Deborah, no a su esposo. El religioso quiere poner en función lo que Dios no ha llamado causando desastres y estrés innecesario en la vida ministerial. Está claro que nuestros cónyuges deben estar en apoyo, en acuerdo y nosotras sujeta a ellos, pero no están obligados al llamado, como aquel que Dios señala para la vocación. En mi caso, quien más creyó en mí, para no decir que fue el único, después de Dios fue mi esposo, luego mis hijos. Dios decide cuando llamar a nuestros cónyuges conforme a su propósito, he visto muchos casos de pastores donde a su esposa se le llama "pastora", pero ellas no aman la vocación ni están involucradas en el ministerio y viceversa. Esto no quiere decir que aquellos que estamos en posición somos mayor que nuestros cónyuges, jamás. Solo que debemos aprender el diseño de Dios, Él hace como Él quiere.

Así que luego de esta reunión familiar y de pedir perdón a los míos les dije: "Ustedes conocen la palabra de Dios y saben quién es mamá y cómo amo al Señor, sírvanle a Dios en su diseño y ámenlo como Él merece, pero sobre todo disfrútenlo".

Ellos tomaron la palabra y el siguiente domingo parecíamos una revolución de arcoíris. El menor de los varones se vistió con camisa blanca, pantalón azul, chaqueta de cuero negra y tenis amarillos. ¡Imagínese mi cara! La niña menor se vistió con un traje neón que le había regalado una de sus tías escandalosas de la familia y acompañó la combinación con un lazo fucsia. El mayor fue vestido como si fuera a un velorio, todo negro y gris, mientras que mi hija mayor se puso un traje azul royal metálico que se veía desde un avión. Mi esposo fue el que más misericordia que me tuvo en lo que Dios terminaba de romperme y se vistió menos llamativo, ese día los vi adorar como nunca, danzaron, cantaron, alabaron y hasta aplaudían cuando yo predicaba, estaba impresionada de lo que significa respetar su diseño, pero amados lectores, lo más que me confrontó fue que al final una pareja se acercó y nos dijo: "La palabra estuvo poderosa y la ministración tremenda profeta, pero lo más que nos ministró fue ver a su familia tan feliz adorando a Dios. Nos encantaron los tenis de su hijo, el color está hermoso". Amados, me lo mencionó delante de ellos, en ese momento yo deseaba que viniera Dios y me llevara en un rapto personal, porque sabía lo que me esperaba en el vehículo con todos ellos.

Usted sabe que hay una frase que a todos los humanos nos molesta escuchar, "te lo dije" y fue la primera que ellos pronunciaron. No obstante, y como si fuera poco, me arremataron al decirme: "Tranquila mami, pediste perdón y ya te perdonamos tenías que ser libre en esa área". ¿Usted puede creer esto? Me reí mucho, y aprendí a respetar su diseño. Recordé lo triste que me ponía cuando mi madre me peinaba y me dividía el pelo en muchas secciones recogidas que no me gustaban, entendí claramente lo que Dios ministraba a mi corazón.

"Pero el Señor dijo a Samuel: No mires a su apariencia, ni a lo alto de su estatura, porque lo he desechado; pues Dios ve no como el hombre ve, pues el hombre mira la apariencia exterior, pero el Señor mira el corazón", 1 de Samuel 16:7.

Cuando deseamos que nuestros hijos se parezcan o los comparamos a otras personas o familiares los lastimamos, pues ellos tienen su propio origen. Ellos tienen su propia identidad y Dios los ama así. De pequeña, recuerdo que mi vecina comparaba a su hija conmigo. Nuestras madres tenían esa mala costumbre. Podía escucharla decir: "Fulana sé como Rita, ella es bien educada", por otro lado, mi madre decía: "Rita, sé inteligente como fulana". Esa conducta creó en nosotras malestar, a tal grado que no queríamos ser amigas. Nuestras madres, sin saber, crearon una enemistad y coraje que no sabíamos manejar. Al casarnos y separarnos de nuestro entorno, Dios nos permitió encontrarnos en un lugar, allí me atreví a acercarme, ella ya conocía al Señor y le dije: "Perdóname por todo lo que causó mi familia a la tuya, ella me abrazó y me dijo: "Me has hecho mucha falta, eres como una hermana de la infancia". Le dije: "No fue nuestro error y no debemos repetirlo". Hoy somos grandes amigas gracias a Jesús.

Nuestro deber como padres es enseñar lo correcto, no hacer de nuestros hijos una copia de nosotros o la razón de orgullo ante los demás. Eso es inmadurez. Su diseño y direcciones deben ser dirigidos con amor por nosotros, no impuestos por costumbres o normas de otros. Dejarlos ser ellos, mostrará el regalo inigualable que Dios nos concedió. La familia del profeta Jeremías esperaba que él fuera sacerdote como su padre, sin embargo, Dios le regaló un profeta que amaba a Dios y respetaba su asignación.

Lo que Dios nos entregó es más grande que lo que queremos formar o moldear en ellos. Ana pidió un hijo, Dios le concedió un profeta. Quizás hoy usted espera un médico, pero Dios desea regalarle el mayor de los jueces. Quizás desea una enfermera, pero Dios le quiere regalar una actriz, alguien debe ir a Hollywood a decir que Jesús es la verdad.

Dios sabe colocar sus hijos en lugares altos. Respetar su diseño es un acto de honra a Dios, cuando lo hacemos le decimos, son tus hijos confío en que Tú los guardarás para ti, amén.

Lee esto conmigo: Señor Jesús gracias por el honor de darme a mis hijos, gracias por hacerlos distintos a nosotros en su personalidad. Perdóname si los he comparado y si he deseado cambiarlos. Perdóname por querer poner una imagen en ellos que Tú mismo no has puesto en mí. Ayúdame a ser el mejor padre o madre que hayan podido conocer y sobre todo, guíame para ser un modelo tuyo que ellos voluntariamente deseen imitar, en el nombre de Jesús, amén.

NOTAS

Oración por Salvación

Su salvación es muy valiosa e importante. Si usted se ha apartado o si nunca ha recibido a Nuestro Señor Jesús en su corazón le invito a tomar la mejor decisión de su vida.

Solo repita esta oración:

Señor Jesús, te entrego mi vida y todo lo que soy. Perdona mis pecados, mis pensamientos incorrectos y mi mal proceder. Me arrepiento de todo lo que he hecho y de haber estado apartado(a) de tu presencia. Desde hoy, escribe mi nombre en el libro de la vida, sé que me amas y te podré ver cara a cara. Permíteme tener comunión con la persona del Espíritu Santo y hazme digno(a) de tu nombre.

Solo Tú serás mi Dios, en el nombre de Jesús, amén.

Permítanos Conocerle

Si este libro ha sido una herramienta de bendición para usted o si ha aceptado al Señor Jesús luego de hacer la oración antes mencionada, nos gustaría saberlo.

Escríbanos a: ritaariasministries@gmail.com o contáctenos a través de nuestra página ministerial en Facebook: Rita Arias Ministerio Profético & Evangelístico.

www.ingramcontent.com/pod-product-compliance
Lightning Source LLC
LaVergne TN
LVHW011713230826
846091LV00015BA/4141

* 9 7 8 1 7 9 2 3 6 2 8 7 3 *